Технико-экономический проект по созданию микропредприятия

Проект технико-экономического обоснования

ScienciaScripts

Imprint
Any brand names and product names mentioned in this book are subject to trademark, brand or patent protection and are trademarks or registered trademarks of their respective holders. The use of brand names, product names, common names, trade names, product descriptions etc. even without a particular marking in this work is in no way to be construed to mean that such names may be regarded as unrestricted in respect of trademark and brand protection legislation and could thus be used by anyone.

Cover image: www.ingimage.com

This book is a translation from the original published under ISBN 978-620-2-15627-1.

Publisher:
Sciencia Scripts
is a trademark of
Dodo Books Indian Ocean Ltd. and OmniScriptum S.R.L publishing group

120 High Road, East Finchley, London, N2 9ED, United Kingdom
Str. Armeneasca 28/1, office 1, Chisinau MD-2012, Republic of Moldova, Europe

ISBN: 978-620-7-00691-5

Александра Вега

Технико-экономический проект по созданию микропредприятия

Оглавление :

Название

ПРОЕКТ ТЕХНИКО-ЭКОНОМИЧЕСКОГО ОБОСНОВАНИЯ СОЗДАНИЯ МИКРОПРЕДПРИЯТИЯ ПО ПРОИЗВОДСТВУ И РЕАЛИЗАЦИИ МАСЛА САЧА ИНЧИ.

Резюме

Данный дипломный проект под названием "Технико-экономическое обоснование создания микропредприятия по производству масла сача инчи и его коммерциализации в кантоне Лимон Инданса, провинция Морона Сантьяго" на 2016 год был разработан с целью определения экономической и финансовой целесообразности промышленного производства масла сача инчи, обладающего высокими питательными и лечебными свойствами.

Для того чтобы задать направление исследования, необходимо было поставить общую цель, которая заключается в следующем: Выполнить технико-экономическое обоснование проекта создания микропредприятия по производству масла сача инчи и его коммерциализации в кантоне Лимон Инданса, провинция Мороне Сантьяго на 2016 год. Кроме того, определены конкретные задачи по реализации проекта, которые в обобщенном виде предусматривают разработку следующих исследований: рыночного, технического, административного, экономико-финансового, финансовой оценки и оценки социального и экологического воздействия.

Кроме того, для реализации поставленных задач использовались различные методы и методики; среди первых можно выделить следующие методы: дедуктивный, индуктивный, аналитический, синтетический, математический и статистический; среди методик использовался опрос, который проводился по репрезентативной выборке населения кантона Лимон Инданса, рассчитанной на 330 опросов.

На основании этого были получены следующие результаты: 97% опрошенных потребляют пищевое масло, 88% - масло сача инчи, 93% готовы купить продукт новой компании, с учетом этих процентов определяются потенциальный, реальный и эффективный спрос, последний умножается на потребление на душу населения, которое составило 36 единиц, и получается эффективный спрос в единицах 45 156, что в сопоставлении с прогнозируемым предложением дает неудовлетворенный спрос в 43 998 единиц по 500 мл.

В первый год реализации проекта установленная мощность должна покрыть 90,42% неудовлетворенного спроса, из которых 95% будет использовано во все годы, т.е. будет произведено 37 620 единиц продукции объемом 500 мл.

Для реализации данного проекта требуются инвестиции в размере 74 826,99 долл. США, которые на 47,71% будут финансироваться из внешних источников и на 52,29% - партнерами. Общие затраты на первый год составляют 62 872,52 долл. США; себестоимость единицы продукции составляет 1,67 долл. США, что при норме прибыли в 48% обеспечивает доходность в размере 2,47 долл. в первый год, что позволяет получить доход в размере 93 051,33 долл.

В финансовой оценке при положительном денежном потоке во все годы срока полезного использования проекта определяется NPV в размере 8 350,70 долл.

IRR составляет 16,09%; соотношение выгод и затрат - 1,57 USD; срок окупаемости - 3 года, 9 месяцев и 4 дня; чувствительность установлена на уровне 0,99 как для увеличения затрат, так и для уменьшения доходов.

В заключение исследовательской работы подтверждается жизнеспособность проекта, поскольку все финансовые показатели благоприятны, т.е. NPV больше 1, IRR выше альтернативной стоимости, в R/C на каждый вложенный доллар получено 57 центов прибыли, срок окупаемости инвестиций значительно меньше лет срока полезного использования проекта и, наконец, получена чувствительность меньше 1 при увеличении затрат на 21,18% и уменьшении доходов на 13,54%.

Введение

В нашей стране существует многообразие сельскохозяйственной продукции, среди которой наиболее потребляемой и важной является та, что составляет сырье для производства растительного масла.

На рынке можно встретить самые разные масла, но необходимо четко различать их, поскольку каждое из них имеет свои особенности и характеристики. Хорошо известно, что растительное масло - это продукт массового потребления, но многие люди не знают о существовании натуральных продуктов, например, продуктов, полученных из Sacha Inchi, которые содержат множество питательных веществ и витаминов, необходимых для здоровой жизни. В Эквадоре эта отрасль еще только развивается, по данным MAGAP, здесь возделывается всего 813 га, но пока этого достаточно для производства масла, потребляемого в стране.

Это семя вызывает интерес многих отраслей благодаря своим высоким питательным свойствам, превосходящим другие масличные культуры, такие как подсолнечник, олива, канола и др. Кроме того, этот необычный функциональный продукт питания стимулирует укрепление защитной системы организма, способствует улучшению работы пищеварительной системы, укрепляет кости и скелетную систему в целом. Полезные свойства Sacha Inchi настолько благоприятны и непревзойденны, что его включение в рацион детей, молодежи, взрослых и беременных женщин является идеальным, благодаря богатому содержанию витаминов, минералов и природных питательных веществ.

Таким образом, было предложено создать компанию, занимающуюся производством сача инчи, чтобы внести вклад в изменение производственной матрицы, а также в экономический сектор, создавая источники занятости, а также инвестируя в развитие и знания, как было предложено Национальным правительством через SENPLADES в рамках Национального плана "За достойную жизнь" на 2013-2017 гг.

Для того чтобы представить работу в упорядоченном и понятном для читателя виде, а также в соответствии с параметрами, установленными Национальным университетом Лоха, она построена следующим образом:

В **заголовке** указывается все, что связано с объектом исследования, **резюме** содержит обобщение наиболее важных аспектов исследовательской работы, во **введении** в общих чертах описывается вклад исследования в общество и излагается структура диссертации. **Обзор литературы** включает понятия, связанные с поставленными и выполненными задачами, далее следуют **материалы и методы,** освещающие способы и приемы, использованные при разработке исследования.

Таким же образом представлены **результаты, в** которых упоминается табуляция и анализ опросов, в **обсуждении** представлено исследование рынка, включающее количественный анализ спроса и предложения. Также проводится техническое исследование, которое включает в себя размер компании, местоположение и инженерное обеспечение проекта.

Затем проводится административное исследование, которое состоит из юридической части, где определяются все требования, требования и соответствующие разрешения для запуска проекта, а также структурной части, такой как: иерархические уровни, организационная схема компании и руководство по функциям.

В ходе обсуждения также проводится экономико-финансовое исследование, в котором рассматриваются инвестиции, финансирование, затраты, расходы, доходы, точка безубыточности и отчет о прибылях и убытках. Аналогичным образом в рамках финансовой оценки анализируются денежные потоки, чистая приведенная стоимость, внутренняя норма доходности, соотношение выгод и затрат, срок окупаемости и анализ чувствительности. Исследование воздействия на социальную сферу и окружающую среду представлено ниже.

В заключительной части представлены **выводы** и **рекомендации, полученные в** результате данного исследования. Для лучшего понимания проделанной работы приводится **библиография,** использованная в процессе исследования, в **приложениях представлены** форматы использованных инструментов и, наконец, в **оглавлении** в виде схемы дается краткий обзор содержания данной работы.

Глава 1

a. Обзор литературы

Система координат

Сача Инчи

Кальдерон и др. (2010) утверждают:

> Сача инчи, научное название которой "Plukenetia Volubilis", - растение родом из перуанской Амазонии, известное также под названиями арахис инкали, арахис Монтелла или сача манилл. Sacha inchi - дикорастущее масличное растение семейства Euphorbiaceae, распространенное в Центральной Америке и некоторых районах Южной Америки, особенно в Перу, где оно культивируется в диком виде.

Манко Сеспедес отмечает, что "среди характеристик, которые их отличают, можно назвать их адаптацию к глинистым и кислым почвам, теплым температурам, где их урожайность выше" (Cépedas, 2009).

Тот же автор добавляет:

> В этом же смысле культура сача инчи помогает окружающей среде, особенно в области лесовосстановления, поскольку защищает почвы от беспорядочной эрозии, а значит, предотвращает гибель других культур во время сильной засухи.

Преимущества Сача Инчи

Briones and Alcívar (2014) сообщают, что:

> Включение Сача Инчи в ежедневный рацион людей будет способствовать укреплению здоровья, так как она обладает рядом питательных свойств. В первую очередь это незаменимые жирные кислоты, такие как омега 3, 6 и 9, а также белки, аминокислоты и витамин Е, содержащиеся в значительно больших количествах по сравнению с другими аналогичными растениями. Последние исследования показывают, что омега-масла и витамин Е чрезвычайно важны в рационе питания для борьбы со свободными радикалами и рядом заболеваний, которые они вызывают в организме человека (с. 12).

Сача Инчи в Эквадоре

Diario La Hora (2013) сообщает, что:

В Эквадоре сача инчи высевается и собирается в течение последних пяти лет, особенно в районах кантона Кининде, где площадь посевов этой масличной культуры составляет 200 га. В настоящее время семена перерабатываются на заводе в приходе Сан-Камило в кантоне Кеведо, а полученное масло расфасовывается в бутылки по 250 мл и капсулы по 100 штук для продажи на местном рынке.

Министерство сельского хозяйства, животноводства, аквакультуры и рыболовства также проводит обучающие семинары по выращиванию и сбору урожая сача инчи с целью стимулировать рост этого сектора в стране благодаря его интересной рентабельности, поскольку, по данным технических исследований этого органа, среднее производство 76 центнеров (3,5 т) с гектара в год эквивалентно $ 5 122,00, что делает его более привлекательным по сравнению с другими традиционными культурами в стране (Magap, 2012).

В настоящее время эквадорская сача инчи представляет собой очень интересную бизнес-возможность для расширения ее коммерциализации в будущем в других странах, таких как США, Китай, Япония и Индия, которые являются крупными потребителями растительного масла омега-3 и знакомы с мелкомасштабным выращиванием этого растения в таких странах региона, как Колумбия, Перу, Боливия и Бразилия.

Газета El Universo (2012) сообщает, что:

Организация Agroindustria del Perú очень заинтересована в приобретении всех семян сача инчи, производимых в провинции Манаби, чтобы способствовать развитию производства масла омега-3, каждый килограмм которого экспортируется в южную страну по цене 1,00 долл. По оценкам, в этой провинции насчитывается около 250 га, а в Пичинче - около 150 га сача инчи.

Пищевое масло

Под маслом понимаются все вещества, имеющие структурно-жировую природу и получаемые путем прессования определенного сырья.

Масло сача инчи

Масло семян Сача Инчи производится из отборных девственных семян и получается методом холодного прессования (без использования экспеллеров) (INKANATURA, 2017).

Качественные характеристики масла "Сача Инчи":
* Цвет: прозрачный, от темно-желтого до золотисто-янтарного.
* Запах: слегка бобовый, характерный для сорта.
* Вкус: слегка бобовый, характерный для сорта.
* Кислотное число: 0,22.
* Перекисное число: 3,13.
* Масло Сача Инчи - источник предшественников Омега-3 (с соответствующим сочетанием Омега-6 и Омега-9) растительного и органического происхождения, что позволяет человеку метаболизировать собственные Омега-3 и делает его гораздо более полезным для здоровья продуктом по сравнению с другими маслами. Даже рыбий жир, для которого характерно содержание Омега-3, содержит меньший процент омег и больший процент насыщенных омег по сравнению с Сача Инчи (INKANATURA, 2017).
* **Сача Инчи: значение масла для здоровья.**

* Масло Сача Инчи - прекрасное масло для бытового, промышленного, косметического и лекарственного применения, очень богатое ненасыщенными жирными кислотами (93%) и имеющее самое низкое содержание насыщенных жирных кислот (6,19%), превосходящее масличные культуры, используемые в мире для производства масел для потребления человеком.

- **Масло Сача Инчи: внутреннее применение**

- Две жирные кислоты - альфа-линоленовая Омега-3 и линолевая Омега-6 (84%), **которые в большом количестве содержатся в масле Sacha Inchi**, могут оказать существенную помощь в контроле и снижении уровня холестерина, а также участвуют в формировании нервной ткани (миелинизации), тканей глаза и структуры клеточных мембран. Эти кислоты могут принимать непосредственное участие и в других важных функциях - от регулирования артериального давления до иммунной функции и агрегации тромбоцитов.

- **Масло Сача Инчи** является натуральным продуктом органического выращивания и с гарантированным процессом экстракции холодным прессованием представляет собой высококачественное масло для питания и здоровья.

  - Его компоненты (**ненасыщенные жирные кислоты и витамины**) широко используются в косметической промышленности. **Масло Сача Инчи** реструктурирует и защищает кожу, волосы и ногти, ограничивая обезвоживание, укрепляя и восстанавливая их естественный барьер.

  - Его наружное применение показано для чувствительной, обезвоженной, сухой кожи, в том числе при воспалениях и раздражениях, а также для поврежденных и сухих волос. Витамин Е - активный компонент регенерации, а **ненасыщенные жирные кислоты** питают, предотвращают и лечат проблемы кожи и волос (INKANATURA, 2017).

Концептуальные основы
Микропредприятие

Простейшей формой микропредприятия является индивидуальное или семейное предприятие. Микропредприниматель вкладывает свой капитал и труд, нанимает других работников, изыскивает дополнительное финансирование и организует взаимоотношения между работниками в рамках своего микропредприятия. Взамен он присваивает себе излишки или прибыль, которая может возникнуть (Martínez, 2010).

Проект

Паласио (2010) определяет проект как "последовательность действий, направленных на достижение целей, связанных с получением выгоды, как для организационных, так и для личных целей или для общества, независимо от количества вовлеченных людей" (с. 16).

Рейес (2011) утверждает, что проект - это "уникальный процесс, основанный на различных систематических действиях и времени их выполнения, направленных на достижение целей, связывающих условия времени, затрат и ресурсов" (с. 5).

В этой связи Ди Мари (2013) утверждает, что "проект - это поиск подходящего средства, позволяющего предложить решение какой-либо проблемы, включая удовлетворение коллективной потребности" (с. 4).

Технико-экономическое обоснование

"Под целесообразностью понимается наличие необходимых ресурсов для реализации поставленных задач или целей. Целесообразность обычно определяется на основе проекта" (Alegsa, 2010).

Определение технико-экономического обоснования проекта

"Исследование осуществимости проекта заключается в выяснении целей организации, а затем в определении того, полезен ли проект для достижения компанией своих целей" (Кордова, 2011).

Проект состоит из четырех основных частей:

- Исследование рынка

- Техническое исследование
- Организационное исследование
- Финансовое исследование.

Исследование рынка

"Исследование рынка представляет собой предпринимательскую инициативу, направленную на получение представления о коммерческой целесообразности того или иного вида экономической деятельности. Исследование рынка состоит из двух основных важных анализов" (Мерино, 2010).

Рынок

Абаскаль и Гранде (2011) утверждают, что:
> Рынок формируется под влиянием понятности потенциальных покупателей и продавцов продукта или услуги, которые должны быть разработаны в соответствии с проектом, структуры рынка и типа конкурентной среды, в которой действуют как поставщики, так и покупатели товара или услуги.

Определение потребителя

Котлер и Лейн определяют потребителя как:
> Это человек или организация, предъявляющие спрос на товары или услуги, предоставляемые производителем или поставщиком услуг. Другими словами, это экономический агент с набором потребностей и желаний, имеющий располагаемый доход, с помощью которого он может удовлетворить эти потребности и желания с помощью рыночных механизмов.

Определение спроса

"Речь идет о требованиях к товарам или услугам, предъявляемых жителями или потребителями той или иной территории, что позволяет им покрыть свои потребности или разрешить ситуацию, которая уже является недостаточной для их развития" (López-Pinto, Mas, & Viscarri).

Потенциальный спрос: "Это существующий на рынке спрос на потребление различных товаров, который в силу различных причин, факторов или мотивов не удовлетворил потребности потребителя" (Cépedas, 2009).
Реальный спрос: "Состоит из количества товаров или услуг, которые в настоящее время потребляются или используются рынком" (Mankiw, 2010).

$$X = \frac{\sum Xm(F)}{N}$$

Потребление на душу населения: Сеттерфилд (2011) определяет потребление на душу населения как "количество продукта, которое будет потреблено каждым потребителем или пользователем в год".

Формула для расчета душевого потребления:

Эффективный спрос: "Составляет ту часть потенциальных потребителей, которые имеют материальные или экономические условия, необходимые для потребления данного товара" (Кордова, 2011).

Неудовлетворенный спрос: "Спрос, который не был удовлетворен, хотя бы частично; другими словами, неудовлетворенный спрос существует тогда, когда спрос превышает предложение" (López-Pinto, Mas, & Viscarri).

Предложение

"Это количество товара или услуги, которое производитель готов продать в данный период, это функция, зависящая от цены товара и затрат на его производство" (López-Pinto, Mas, & Viscarri).

Рыночные стратегии

"Маркетинговые стратегии - это руководство, которое компании используют для продвижения своих товаров и услуг и привлечения потенциальных клиентов" (Kotler & Lane).

Продукт: "Продукт - это набор атрибутов, которыми, по мнению потребителя, должен обладать определенный товар, чтобы удовлетворить его потребности или желания" (Caldas, Herréz, & Heras, 2011, p. 67).

Цена: "Обменная стоимость товаров или услуг. В маркетинге цена - это единственный элемент маркетинг-микса, который приносит доход, поскольку все остальные компоненты приносят затраты" (Kotler & Lane).

Место: "Место или распределение - это одна из подфункций маркетинга, которая отвечает за организацию всех элементов, входящих в путь, связывающий производителя с конечным потребителем" (Kotler & Lane).

Продвижение: "Четвертый инструмент маркетинг-микса, он включает в себя различные мероприятия, которые компании разрабатывают, чтобы рассказать о достоинствах своих продуктов и убедить целевую аудиторию в необходимости покупки" (Córdova, 2011).

Техническое исследование

Розалес (2009) утверждает, что данное техническое исследование является:

Техническое исследование направлено на определение условий производства продукции и/или предоставления услуг, с указанием используемого сырья и оборудования (имеющихся технологий), размера проекта, местоположения завода, структуры организации, а также количественной оценки инвестиций и связанных с ними затрат.

Определение размера

"Она рассчитывается на основе производственных мощностей оборудования, количества товара, которое должно быть произведено в единицу времени, или, в случае услуги, оценивается количество пользователей, которые должны быть обслужены в единицу времени" (Rosales, 2009).

Установленная мощность

Это максимальное количество товаров или услуг, которое может быть получено от заводов и оборудования компании в единицу времени при заданных технологических условиях (Suárez, 2015, p. 21).

Используемая мощность

Миранда утверждает, что загрузка мощностей - это "доля установленной мощности, которая используется" (Miranda, 2010).

Определение локализации

"В ходе исследования местоположения выбирается наиболее удобное для реализации проекта место, стремящееся минимизировать затраты и максимизировать выгоды" (Córdova, 2011).

Определение макроположения

"Общее определение места размещения проекта с небольшим количеством деталей. Оно заключается в сравнении альтернативных вариантов между районами страны и выборе того, который предлагает наибольшие преимущества для проекта" (Caldas & Carrión, 2011).

Определение микролокализации

"Она определяется как оформление проектной идеи с максимальным уровнем детализации, включая расположение каждого фактора. При микроуровневой локализации изучаются более конкретные аспекты уже используемой земли" (Córdova, 2011).

Проектирование проектов

"Инжиниринг проекта относится к той части исследования, которая касается его технической стадии, где стоимость необходимых технологий и оборудования будет определяться исходя из мощности предприятия и работ, которые необходимо выполнить" (Erossa, 2011).

Производственный процесс

Муньос (2009) определяет производственный процесс следующим образом:
Производственный процесс - это система динамически взаимосвязанных действий, направленных на преобразование определенных элементов. Таким образом, входные элементы (так называемые факторы) превращаются в выходные элементы (продукты), в результате чего их стоимость возрастает.

Определение блок-схемы

Муньос (2009) в этой связи отмечает следующее:
Это графическое представление процесса. Каждый этап процесса представлен отдельным символом, содержащим его краткое описание. Графические символы потока процесса связаны между собой стрелками, указывающими направление движения процесса (Muñoz, 2009).

Этапы разработки блок-схемы

Муньос, (2009), этапы разработки праниграммы следующие:
- Определите процесс, который необходимо отобразить на карте.
- Определите уровень детализации. Диаграмма процесса может содержать информацию об общем потоке основных видов деятельности.
- Определите последовательность этапов процесса. Расположите их в том порядке, в котором они выполняются.
- Построить блок-схему. Для этого используются определенные символы.
- Рассмотрите схему технологического процесса.

Планировка завода

"Основная цель планировки предприятия - организовать эти элементы таким образом, чтобы обеспечить беспрепятственный поток работ, материалов, людей и информации через производственную систему" (Кордова, 2011).

Административное исследование
Юридическое исследование

Кордова (2011) утверждает, что "это юридические леса, регулирующие отношения различных членов организации, которые должны быть оформлены Конституцией и Законом" **(с. 165).** (р. 165).

Правовые аспекты

Для того чтобы компания могла осуществлять свою деятельность, она должна отвечать следующим требованиям:

- Устав,
- Название компании или фирменное наименование,
- Адрес,
- Объект компании,
- Уставный капитал,
- Срок действия партнерства,
- Администраторы

Организационное исследование

Мендес (Méndez, 2012) определяет организационные исследования как:
Организационное исследование определяет формальные рамки: систему коммуникаций, уровни ответственности и полномочий организации, необходимые для запуска и реализации проекта. Оно включает в себя организационные схемы, должностные инструкции и административные расходы, необходимые для последующего экономического и финансового исследования.

Иерархические уровни

По мнению Гавиланеса (2012), иерархические уровни - это зависимость и отношения, которые существуют между людьми в компании, и они классифицируются следующим образом:

Законодательный уровень

Это высший уровень управления компанией, который диктует политику и правила, в соответствии с которыми она будет работать, и состоит из партнеров компании, которые будут называться общим собранием партнеров или общим собранием акционеров.

Исполнительный уровень

Этот уровень состоит из менеджера-администратора, который назначается законодательным уровнем и отвечает за оперативное управление компанией.

Уровень консультанта

На этом уровне обычно формируется коллегиальный орган, призванный принимать решения, требующие особого подхода, такие как юридические ситуации и судебные отношения компании.

Уровень поддержки

К этому уровню относятся все должности, которые непосредственно связаны с административной деятельностью компании.

Оперативный уровень

Этот уровень составляют все должности, которые непосредственно связаны с производственным предприятием, т.е. с производственной работой и производственным процессом.
Определение организационной структуры

Кордова (2011) определяет организационную схему как:

Организационная схема графически и формально отображает структуру организации, будь то деловая, социальная или политическая организация, ее различные подразделения, иерархию, функциональные и коммуникационные связи в данный момент времени. Она может охватывать всю организацию или только одну ее область.

Структурная организационная схема

"Она представляет собой базовый контур организации, позволяющий объективно знать ее составные части, т.е. административные единицы, отношения зависимости, существующие между ними, что позволяет оценить организацию компании в целом" (Vázques, 2011).

Функциональная организационная схема

"Группировка видов деятельности в соответствии с функциями компании (департаментизация по компаниям или функциональным функциям) отражает то, чем обычно занимается компания" (Konnz, Weihrich, & Cannice, 2012, p. 218).

Позиционная организационная схема

"В них указываются потребности в должностях и количество существующих или необходимых должностей для каждого из перечисленных подразделений. Также указываются фамилии лиц, занимающих эти должности" (Zamudio, 2014).

Функциональный справочник

Калдас и Каррион (2011) утверждают, что:
> Этот документ облегчает расстановку и ориентацию персонала, а также устанавливает четкие разграничения функций и обязанностей по каждой должности. Наличие и разработка должностной инструкции не зависит от типа компании (общество с ограниченной ответственностью, открытое акционерное общество и т.д.).

"Цель данного руководства - определить структуру компании, должности, входящие в нее, а также функции, обязанности, требования и иерархические отношения" (Барриос, 2012), следовательно, для подготовки руководства по функциям необходимо:

- Определить организационную структуру компании
- Определите название и количество позиций, входящих в структуру.
- Назначение на каждую должность соответствующих ей функций
- Установить требования (образование, опыт, профиль), необходимые для выполнения соответствующих функций.

- Установить иерархические отношения между различными должностями.
- Утвердить и распространить руководство в компании.

Экономическое и финансовое исследование

"Экономическое исследование содержит актуальную информацию о таких аспектах, как затраты на финансирование, амортизационные отчисления и бюджет, необходимый для начала инвестиций. На основе этих данных будет принято решение о том, подходит ли проект для реализации" (Еслава, 2012).

Определение инвестиций

"Каждый проект для развития своей деятельности требует инвестиций в капитальные вложения. На этом этапе необходимо провести обследование всех машин, которые необходимо приобрести. Не менее важно определить, когда эти инвестиции будут осуществлены (Córdova, 2011)".

Скорее всего, многие из них возникнут еще до начала проекта (как инвестиции в первоначальную установку), но, конечно, если проект предусматривает рост компании, инвестиции будут необходимы на протяжении всего срока реализации проекта (Caldas, Herréz, & Heras, 2011).

Инвестиции в основной капитал

Fernández & Casada (2011), посвященный инвестициям в основной капитал:

В финансовом контексте компании основные средства - это активы, которые используются компанией на постоянной основе в ходе обычной деятельности и которые будут представлять собой все услуги, которые будут получены в будущем в течение срока полезного использования приобретенного актива.

Основные средства - это активы, которые хранятся более одного года и используются для осуществления хозяйственной деятельности компании. Примерами основных средств являются земля, здания, оборудование, мебель и машины.

Отложенные инвестиции

По мнению Мезы (2013), отложенные активы "также известны как нематериальные активы. Нематериальный актив - это любой актив, ценность которого заключается в правах, предоставляемых его владельцу, и который не представляет собой требования к предприятию".

Он не имеет физических свойств и приобретается с целью использования в течение срока полезного использования в нормальной деятельности предприятия. Наиболее важными нематериальными активами являются: расходы на монтаж и адаптацию, организационные расходы.

Текущие инвестиции

Это инвестиции, которые являются ликвидными на конец финансового года или конвертируются в денежные средства в течение периода менее двенадцати месяцев. Данный вид активов находится в непрерывном движении и может быть продан, преобразован, использован, конвертирован в денежные средства или поставлен в качестве оплаты в рамках любой обычной сделки (Cartier, 2015).

Финансирование

"Финансирование - это совокупность финансовых денежных ресурсов, необходимых для осуществления экономической деятельности, которые могут быть собственными или финансируемыми ресурсами" (Caldas, Herréz, & Heras, 2011).

"Он состоит в том, чтобы указать, как будут осуществляться инвестиции - за счет собственного вклада инвестора или в сочетании с банковским кредитом. В некоторых компаниях вклад инвестора составляет 30%, а запрашиваемого финансового учреждения - 70%" (Caldas & Carrión, 2014).

Внутреннее финансирование

Это то, что поступает из собственных ресурсов компании, например: взносы партнеров или собственников, создание резервов ответственности и капитала, т.е. удержание прибыли, разница во времени между получением закупленных материалов и товаров и датой их оплаты (Caldas & Carrión, 2014).

Внешнее финансирование

Он предоставляется третьими лицами, например банковский кредит, представляющий собой финансовую операцию, при которой сторона, называемая кредитором, предоставляет определенную сумму денег другой стороне, называемой заемщиком, которая обязуется вернуть капитал плюс проценты в оговоренные сроки и на оговоренных условиях (Espinoza, 2011).

Затраты

Себестоимость - это совокупность статей, используемых при производстве товара или услуги. Себестоимость выражает величину материальных, трудовых и денежных ресурсов, необходимых для достижения определенного объема производства, а себестоимость - это прямые материалы и прямой труд, т.е. затраты, непосредственно связанные с производством (Perera, 2010).

Финансовые затраты

"Финансовые издержки - это процентные ставки, которые человек или компания вынуждены платить за привлечение заемных средств из банковской системы" (Фуллана, 2009).

Определение амортизации

"Амортизация - это износ материальных основных средств в результате естественных причин или нормального или ускоренного использования актива" (Córdova, 2011) (Alcarria, 2009).

Амортизация

Амортизация - это процесс, при котором средства выделяются на списание уже приобретенного актива в течение определенного количества лет, как правило, ожидаемого срока его эксплуатации (Alcarria, 2009).

Постоянные затраты

"Это те, величина которых остается постоянной или почти постоянной, независимо от колебаний объемов производства и/или продаж" (Барриос, 2012).

Характеристика постоянных затрат

- Они имеют тенденцию оставаться неизменными в целом в определенных диапазонах мощностей, независимо от достигнутого объема выпуска товаров или услуг.
- Они являются функцией времени.
- Величина постоянных затрат в принципе не меняется без существенного и постоянного изменения возможностей предприятия либо производить товары, либо оказывать услуги.
- Эти затраты необходимы для поддержания структуры компании (Fullana & Paredes, Manual de contabilida de costes, 2009).

Определение переменных затрат

Barrios (2012), сообщает, что:

Переменные затраты - это те, которые отменяются в зависимости от объема производства, например, затраты на оплату труда (при низком объеме производства нанимается мало работников, при его увеличении - больше, а при снижении - увольняются), также есть сырье, которое закупается в зависимости от объема производства.

Характеристика переменных затрат

Фуллана (2009) утверждает, что:

- Переменные затраты отсутствуют, если нет производства товаров или услуг.
- Величина переменных затрат будет, как правило, пропорциональна объему выпуска.
- Переменные затраты не являются функцией времени. Само по себе течение времени не означает, что переменные затраты понесены.

Определение общих затрат

"Общие затраты - это сумма постоянных затрат (тех, которые не зависят от объема производства) и переменных затрат (тех, которые увеличиваются с ростом объема производства)" (Барриос, 2012).

Стоимость единицы продукции

"Эти затраты получаются в результате деления общих затрат на количество произведенных единиц продукции" (Fernández, Fernández, & Rodríguez, 2010).

Рентабельность

По мнению Амата и Солдевилы (2011 г.), "маржа прибыли называется так потому, что она показывает, как цены на продукцию или услуги способствуют покрытию постоянных затрат и получению прибыли, что является целью, которую преследует любая компания".

Формула:

Маржинальный вклад = Продажная цена - переменная стоимость единицы продукции

Определение дохода

Eslava (2012), дает понять, что:

Это все те ресурсы, которые получены от продажи или в результате производства товара или услуги, их также можно классифицировать как постоянные, если они не зависят от количества продаж или произведенных товаров или услуг, и переменные, если они зависят прямо пропорционально продаже или производству товаров или услуг.

Точка безубыточности

"Точка безубыточности компании - это уровень продаж, необходимый для покрытия всех операционных расходов. В точке безубыточности прибыль до уплаты процентов и налогов равна

$$PE = \frac{Costo\ Fijo\ Total}{Ventas\ Totales - Costo\ Variable\ Total} \times 100$$

нулю" (Alcarria, 2009).

Точка безубыточности на основе установленной мощности

Точка безубыточности в зависимости от объема продаж

$$PE = \frac{\text{Costo Fijo Total}}{1 - \dfrac{\text{Costo Variable Total}}{\text{Ventas Totales}}}$$

Отчет о прибылях и убытках

Также известный как отчет о прибылях и убытках, он состоит из статей, которые представляют собой расходы или доходы компании. Соотношение между доходами и расходами определяет убыток или прибыль, полученную за определенный период (Alcarria, 2009).

Финансовая оценка

"Финансовая оценка - это оценка, учитывающая способ получения и оплаты финансовых ресурсов, необходимых для реализации проекта, без учета того, как распределяется полученная прибыль" (Fernández, 2009).

Чистая приведенная стоимость

Она определяется как разница между доходами и расходами (включая инвестиции как расходы) по текущей стоимости или как разница между чистым доходом и первоначальными инвестициями. Приведенная стоимость является наиболее известным и общепринятым методом. Он оценивает доходность проекта в денежном выражении, превышающую желаемую доходность после возмещения всех инвестиций. Для этого рассчитывается приведенная стоимость всех прогнозируемых будущих денежных потоков, начиная с первого периода эксплуатации, и вычитается общая сумма инвестиций, выраженная в нулевой момент времени (Córdova, 2011).

$$VAN = \sum \text{Чистый денежный поток - инвестиции}$$

$$TIR = Tm + Dt\left(\frac{VAN_{menor}}{VAN_{menor} - VAN_{mayor}}\right)$$

Критериями принятия или отклонения являются: Если NPV больше нуля, то это показывает, какую прибыль приносит проект. Если NPV равен нулю, то доходность проекта равна желаемой ставке i на вложенный капитал, а если NPV меньше нуля, то он показывает, какой суммы не хватает для получения желаемой ставки i (Villareal, 2009).

Внутренняя норма доходности

Внутренняя норма доходности, известная как IRR, отражает процентную ставку или норму прибыли, которую проект будет приносить из периода в период в течение всего срока его реализации. Операционально IRR определяется как ставка дисконтирования, при которой NPV проекта равна нулю. Взаимосвязь между NPV и ставкой дисконтирования является обратной, что следует из формулы NPV: увеличение ставки уменьшает чистую приведенную стоимость. Это особенно справедливо для проектов, которые имеют один или несколько периодов отрицательных потоков в начале, а затем генерируют чистые выгоды в течение оставшегося

срока жизни, формула которой имеет вид (Córdova, 2011):
Критериями принятия/отклонения являются: IRR сравнивается с соответствующей
процентной ставкой (т.е. с доходностью наилучшего альтернативного использования
ресурсов, задействованных в проекте) и принимаются все те, где IRR равен или выше: Таким
образом: IRR больше альтернативной процентной ставки, то можно принять. IRR меньше
альтернативной процентной ставки, то проект отклоняется. IRR равен ставке процента за
возможность, то имеет место безразличие к проекту (Villareal, 2009).

Соотношение затрат и результатов (b/c)

"Показатель выгода/затраты трактуется как сумма, полученная в качестве выгоды на каждый
вложенный доллар" (Villareal, 2009). Для принятия решения необходимо учитывать следующее:

J B/C > 1 Проект может быть реализован
J B/C < 1 Проект должен быть отклонен.
J B/C = 1 Безразлично, осуществлять ли проект.

$$Relación\ Beneficio\ Costo = \frac{Sumatoria\ del\ Ingreso\ actualizado}{Sumatoria\ del\ Costo\ actualizado}$$

Он рассчитывается следующим образом: (Villareal, 2009)

Период восстановления капитала

"Ожидаемое количество лет, необходимое для возврата первоначальных инвестиций, - это время,
требуемое для возврата первоначальных инвестиций, показатель того, насколько быстро проект
окупит первоначальные капитальные затраты" (Córdova, 2011).

$$PRC = Año\ que\ cubre\ la\ inversión - \left(\frac{Inversión - \sum primeros\ flujos}{Flujo\ del\ periodo\ que\ supera\ la\ Inversión}\right)$$

Анализ чувствительности
Увеличение затрат и уменьшение доходов вызывают рассогласования в целесообразности реализации
бизнеса в будущем, анализ чувствительности позволяет установить величину рисков при их
возникновении (Villareal, 2009).

Согласно анализу чувствительности, принятие проекта зависит от:
- Коэффициент чувствительности > 1 проект является чувствительным.
- Коэффициент чувствительности = при значении 1 проект не оказывает никакого влияния.
- Коэффициент чувствительности < 1 проект не является чувствительным.
- *Разница IRR = Проектная IRR - Новая IRR*

Оценка социального и экологического воздействия

$$\% \, Variación = \frac{Diferencia \, de \, TIR}{TIR \, del \, proyecto}$$

$$Sensibilidad = \frac{\% \, Variación}{Nueva \, TIR}$$

Социальная оценка

Социальное воздействие "представляет собой обоснованное ожидание того, что программа или проект должны способствовать улучшению условий жизни целевого населения и его окружения" (Crowther, 2006, с. 57). Кроме того, при таком анализе (Миранда, 2012, с. 327) "необходимо учитывать концепцию справедливости", в рамках которой устанавливаются проблемы неравенства и бедности. Другими словами, анализ должен быть сосредоточен на том, как распределяются ресурсы.

Оценка состояния окружающей среды

"Цель оценки воздействия на окружающую среду - устойчивость, но для того чтобы проект был устойчивым, он должен учитывать не только экономическую целесообразность и социальную выгоду, но и разумное использование природных ресурсов" (Авила, 2013).

В связи с этим для достижения действительно устойчивого развития сегодня крайне важно оценивать инвестиционные проекты не только с экономической и финансовой точек зрения, но и с точки зрения их воздействия на окружающую среду.

Глава 2

е. Материалы и методы

Материалы

Материалы, использованные при подготовке данной диссертации, перечислены ниже:

- Технологический материал:
  H-компьютер
  H Многофункциональный принтер (копир, сканер)
- Офисные принадлежности:

  ❖ Листы бумаги формата А4

  ❖ Папки

  ❖ Карандаши и сферографы

  ❖ Сверлильный станок

  ❖ Степлер

  ❖ Калькулятор

  ❖ Проект

  ❖ Правило

  ❖ Хайлайтер

Методы

Для выполнения данной исследовательской работы было использовано несколько методов, которые подробно описаны ниже:

Дедуктивный

Именно он выводит наблюдаемые факты на основе общего закона, пока не придет к конкретным умозаключениям, через которые и были сделаны выводы и рекомендации данной исследовательской работы.

Индуктивный

Этот метод позволяет формулировать законы на основе наблюдаемых фактов; его использование в данном исследовании позволило продемонстрировать целесообразность внедрения новой компании через различные этапы данного исследования, такие как технический, организационный, финансовый и экономический.

Аналитический

Он позволяет изучить важные аспекты полевых исследований, в данном случае это было сделано именно в рамках исследования рынка, где определялся спрос.

Синтетика

В этом случае отдельные, казалось бы, факты связываются между собой и формулируется теория, объединяющая различные элементы. Она была использована при представлении экономического исследования, где были обобщены финансовые потребности проекта.

Математик

Это метод, облегчающий расчет различных статей, он был использован и в финансовом исследовании, где были получены различные оценочные коэффициенты для оценки полезности инвестиций и выяснения целесообразности создания микропредприятия по производству масла Сача Инчи в кантоне Лимон Инданса.

Статистик

Она позволяет представить в графическом и цифровом виде последствия исследования и была использована при табулировании результатов, полученных в ходе опроса семей, проживающих в кантоне Лимон Инданса провинции Морона Сантьяго.

Техника
Исследование

Опрос - это метод получения данных от некоторого количества людей, мнение которых интересует исследователя.

Для последующего исследования в качестве образца был взят кантон Лимон Инданса, провинция Мороне Сантьяго.

Численность населения по данным INEC за 2010 год составляет 9722 человека, для получения прогноза численности населения это значение прогнозируется на 2016 год, затем оно делится на количество семей, состоящих из четырех человек каждая, согласно данным INEC.

На 2016 год определено число семей в количестве 2 356, проживающих в кантоне Лимон Инданса, для которых была рассчитана репрезентативная выборка в количестве 330; для этого была проведена следующая процедура:

- Данные
Формула проецирования.
$Pf = Pi (1 + i)n$
Пф = Будущая численность населения
Pi = начальная популяция

I = Темп роста (-0,52)
1 = Номинальное значение
n = количество лет

Применение формулы

Пф = 9,722 $(1+(-0,0052)^1$

Pf = 9,722$(1-0,0052)^1$

Пф = 9 671/4 члена на семью = 2 418 семей.

Таблица 1. Прогноз численности населения Лимонов

ГОДЫ	НАСЕЛЕНИЕ	N° СЕМЬИ
2010	9.722	2.431
2011	9.671	2.418
2012	9.621	2.405
2013	9.571	2.393
2014	9.521	2.380
2015	9.472	2.368
2016	9.423	2.356

Источник: Inec 2010 Разработка: Автор

- Данные:

9 423 / 4 Количество семей = 2 356

N= Население

e= Основная погрешность 5%n = Образец

$$n = \frac{Z^2(pq)N}{e^2(N-1) + Z^2(pq)} =$$

$$n = \frac{1.96^2(0.5*0.5)2.356.}{0.05^2(2.356-1) + 1.96^2(0.5*0.5)}$$

$$n = \frac{3,8416(0,25)2.356.}{0,0025(2.355) + 3,8416(0,25)}$$

$$n = \frac{3,8416(0,25)2.356.}{0,0025(2.355) + 3,8416(0,25)}$$

$$n = \frac{2.262.}{5,886618506 + 0,9604}$$

$$n = \frac{2.262.}{6,847018506}$$

$$\underline{n = 330}$$

Глава 3

f. Результаты.
Опрос заявителей
1. Каков Ваш ежемесячный доход?

Таблица 2. Ежемесячный доход

ПЕРЕМЕННАЯ	FREQUENCY	ПЕРЦЕНТАЖ
$1 -$300	79	24%
$301 - $400	125	38%
$401 - $600	73	22%
$601 - $800		16%
ИТОГО	330	100%

Источник: Опросы заявителей.
Подготовила: Александра Вега.

График 1. Ежемесячный доход

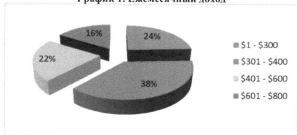

Источник: Таблица 2.
Подготовила: Александра Вега.
Анализ и интерпретация.
316 респондентов на этот первый вопрос ответили следующим образом: 38% - от 301 до 400 долларов; 24% получают зарплату от 1 до 300 долларов в месяц; 22% - от 401 до 600 долларов и 16% - от 601 до 800 долларов, что свидетельствует о высокой доле населения, чей доход составляет от 301 до 400 долларов в месяц.

2. Потребляете ли Вы пищевое масло в своем домашнем хозяйстве?

Таблица 3. Потребление пищевых масел

ПЕРЕМЕННАЯ	FREQUENCY	ПЕРЦЕНТАЖ
Да.	320	97%
Нет.	10	3%
ИТОГО	330	100%

Источник: Опрос заявителей **Подготовила:** Александра Вега.

22

Рисунок 2. Знакомство с пищевым маслом

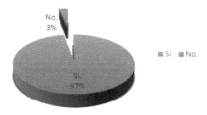

Источник: Таблица 3.
Подготовила: Александра Вега.

Анализ и интерпретация.
Респонденты ответили следующее: 97% опрошенных семей, что составляет большинство опрошенных, знают пищевое масло, а 3% - нет, поэтому представляется, что проект будет хорошо воспринят в домохозяйствах, так как все знают масло для приготовления своей пищи, что свидетельствует о том, что это продукт массового потребления.

3. Какое пищевое масло Вы ежедневно потребляете в своем домашнем хозяйстве?

Таблица 4. Тип нефти

ПЕРЕМЕННАЯ	FREQUENCY	ПЕРЦЕНТАЖ
Масло Сача Инчи	282	88%
Органические масла.		12%
ИТОГО	320	100%

Источник: Опросы заявителей.
Подготовила: Александра Вега.

Рисунок 3. Тип нефти

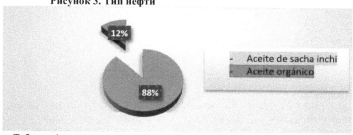

Источник: Таблица 4.
Подготовила: Александра Вега.
Анализ и интерпретация.

Респонденты, а это 320 семей, потребляющих пищевое масло в целом, отметили, что 88% опрошенных семей ежедневно потребляют пищевое масло сача инчи, что является реальным спросом на производимый продукт, являющийся целью данного проекта, в то время как очень низкий процент, 12% опрошенных семей, заявили, что они будут потреблять органические масла.

4. Какой размер пищевого масла sacha inchi Вы предпочитаете?

Таблица 5. Предпочтительный размер масла

ПЕРЕМЕННАЯ	FREQUENCY	ПЕРЦЕНТАЖ
250 мл.	0	0%
500 мл.	282	100%
750 мл.	0	0%
Более 750 мл	0	0%
ИТОГО	**282**	**100%**

Источник: Опросы заявителей.
Подготовила: Александра Вега.

Рисунок 4. Предпочтительный размер масла

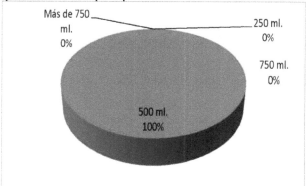

Источник: Таблица 5.
Подготовила: Александра Вега.

Анализ и интерпретация.

100% опрошенных семей заявили, что предпочитают пищевое масло "Сача Инчи" объемом 500 мл, что является приемлемым вариантом, поскольку другие марки, представленные на рынке, обычно продаются в объеме 500 мл. Это свидетельствует о том, что все опрошенные семьи будут покупать продукт в том же количестве, что и существующие марки.

5. Какое количество масла в месяц Вы покупаете для своей семьи в объеме 500 мл?

Таблица 6. Ежемесячная сумма

ПЕРЕМЕННАЯ	FREQUENCY	ПЕРЦЕНТАЖ
1 - 2 единицы.	132	49%
3 - 4 единицы.	92	38%
5 - 6 единиц.	55	
7-8 единиц		5%
9-10 единиц.	1	
ИТОГО	282	100%

Источник: Опросы заявителей.
Подготовила: Александра Вега.

График 5. Ежемесячная сумма, на которую Вы бы совершили покупку

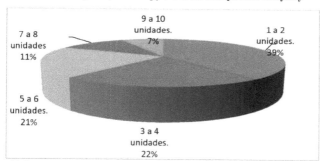

Источник: Таблица 6.
Подготовила: Александра Вега.

Интерпретация.
39% опрошенных семей заявили, что будут покупать 1-2 единицы пищевого масла сача инчи объемом 500 мл в месяц, 22% - 3-4 единицы, 21% - 5-6 единиц, 11% - 7-8 единиц и 7% - 9-10 единиц.
6. какой тип упаковки Вы предпочитаете?

Таблица 7. Тип упаковки

ПЕРЕМЕННАЯ	FREQUENCY	ПЕРЦЕНТАЖ
Пластиковые бутылки.	272	96%
Стеклянные бутылки.		
Упаковка Tetra.	8	3%
ИТОГО	282	100%

Рисунок 6. Тип упаковки

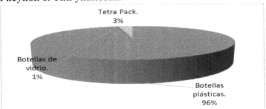

Интерпретация.
Согласно предыдущему вопросу, 96% опрошенных семей заявили, что при покупке пищевого масла сача инчи они будут покупать его в пластиковой таре, 3% - в тетра-пак, а оставшийся 1% - в стеклянной таре. Это свидетельствует о том, что большинство опрошенных семей отдают предпочтение пластиковой таре.

7. при покупке данного продукта обращайте ли вы внимание на:

Таблица 8. Переменные решения о покупке

ПЕРЕМЕННАЯ	FREQUENCY	ПЕРЦЕНТАЖ
Цена.	107	38%
Качество.	85	30%
Презентация.	45	16%
Количество.		4%
Здоровье.		12%
ИТОГО	**282**	**100%**

Рисунок 7. Переменные решения о покупке

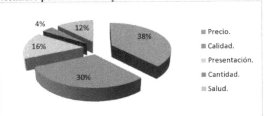

Интерпретация.
Согласно предыдущему вопросу, 38% опрошенных домохозяйств заявили, что смотрят на цену продукта, 30% - на качество продукта, 16% - на презентацию продукта, 4% - на количество продукта и

12% - на здоровье.

8. Какую цену Вы платите за 500 мл пищевого масла?

Таблица 9. Цена закупки

ПЕРЕМЕННАЯ	FREQUENCY	ПЕРЦЕНТАЖ
$2 - $2,50	195	69%
$3 - $3,50	65	23%
$4 - $4,50		
ИТОГО	282	100%

Источник: Опросы заявителей **Подготовила**: Александра Вега.

График 8. Покупная цена

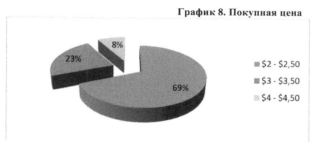

Источник: Таблица 9.
Подготовила: Александра Вега.

Анализ и интерпретация.

Согласно предыдущему вопросу, 69% опрошенных семей заявили, что цена, которую они готовы заплатить за пищевое масло сача инчи, составляет от 2 до 2,50 долл. за 500 мл, 23% заявили, что цена, которую они готовы заплатить за пищевое масло сача инчи, составляет от 3 до 3,50 долл. и 8% готовы купить его по цене от 4 до 4,50 долл. за 500 мл.

9. Где вы покупаете пищевые масла?

Таблица 10. Где вы покупаете пищевое масло

ПЕРЕМЕННАЯ	FREQUENCY	ПЕРЦЕНТАЖ
Винодельческие предприятия.		34%
Рынки.	42	15%
Супермаркеты.		26%

Магазины.	71	25%
ИТОГО	**282**	**100%**

Источник: Опросы заявителей **Подготовила:** Александра Вега.

Рисунок 9. Где вы покупаете пищевое масло

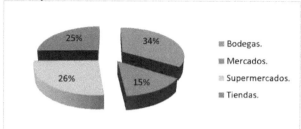

Источник: Таблица 10.
Подготовила: Александра Вега.

Анализ и интерпретация.
Из 316 опрошенных семей, потребляющих пищевое масло, 34% заявили, что покупают его в винных погребах, 26% - в супермаркетах, 25% - в магазинах по месту жительства. 15% опрошенных семей заявили, что покупают его на рынках.

10. Какие акции Вы предпочитаете?

Таблица 11. Предпочтительные рекламные акции

ПЕРЕМЕННАЯ	FREQUENCY	ПЕРЦЕНТАЖ
Скидки		27%
Дополнительный продукт	105	29%
Raffles		30%
Другие.		14%
ИТОГО	**282**	**100%**

Источник: Опросы заявителей **Подготовила:** Александра Вега.

График 10. Предпочитаемые рекламные акции

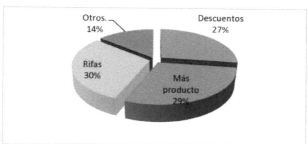

Источник: Таблица 11.
Подготовила: Александра Вега.

Анализ и интерпретация.

Тридцать процентов из них заявили, что предпочтительной для них акцией является розыгрыш, 29% отметили, что предпочитают акции, основанные на увеличении количества товара, 27% - скидки и 14% - другие.

11. через какие средства массовой информации Вы хотели бы узнать о существовании пищевого масла "Сача Инчи"?

Таблица 12. Предпочитаемые носители информации

ПЕРЕМЕННАЯ	FREQUENCY	ПЕРЦЕНТАЖ
Телевидение.		27%
Радио.	82	29%
Печатные издания.	85	30%
Другие.		14%
ИТОГО	282	100%

Источник: Опросы заявителей.
Подготовлено: Александрой Вега

График 11: Таблица 12.

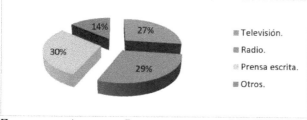

- Televisión.
- Radio.
- Prensa escrita.
- Otros.

Подготовила: Александра Вега.
Предпочтительные носители

Анализ и интерпретация.

Согласно предыдущему вопросу, 30% из них заявили, что идеальным средством коммуникации была бы печатная пресса, 29% - радио, 27% опрошенных семей заявили, что хотели бы, чтобы о продукте узнали по телевидению, а остальные 14% - что идеальными были бы другие средства коммуникации, такие как рекламные щиты, листовки и флаеры для непосредственного доведения до конечного потребителя.

12. Готовы ли Вы покупать пищевое масло сача инчи для своего домашнего хозяйства, если в кантоне Лимон Инданса будет создано новое предприятие?

Таблица 13. Принятие нового предприятия

ПЕРЕМЕННАЯ	FREQUENCY	ПЕРЦЕНТАЖ
Да.	262	93%
Нет.		7%
ИТОГО	**282**	**100%**

Источник: Опросы заявителей.
Подготовила: Александра Вега.

Рисунок 12. Принятие нового предприятия

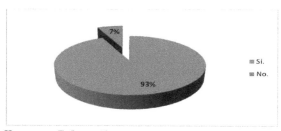

Источник: Таблица 13.
Подготовлено: Александрой Вега
Анализ и интерпретация.
Согласно предыдущему вопросу, 93% опрошенных семей заявили, что в случае внедрения нового предприятия по производству пищевого масла сача инчи в кантоне Лимон Инданса они были бы готовы приобретать этот новый продукт, а 7% оставшихся семей заявили, что не стали бы его приобретать, что означает, что продукт будет очень хорошо принят семьями.

Опрос участников торгов.

1. Кто является поставщиками нефти?
Таблица 14. Поставщики

ПЕРЕМЕННАЯ	FREQUENCY	ПЕРЦЕНТАЖ
Danec S.A.		
Industria Ales C.A.	1	20%
La Fabril.	1	20%
Pydaco Cía. Ltda.	1	20%
ИТОГО	**5**	**100%**

Источник: Опросы участников торгов.
Подготовила: Александра Вега.

График 13. Поставщики

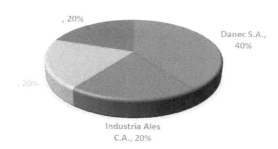

Источник: Таблица N°14.
Подготовлено: Александрой Вега

Анализ и интерпретация.

На предыдущий вопрос 40% опрошенных дистрибьюторов ответили, что пищевые масла им поставляет компания Danec S.A., 20% - Industria Ales C.A., 20% - La Fabril и 20% - Pydaco Cía Ltda.

2. Какая марка наиболее популярна?
Таблица 15. Наиболее популярная марка

ПЕРЕМЕННАЯ	FREQUENCY	ПЕРЦЕНТАЖ
La Favorita.		
Золотой початок.	1	20%
Алезол.	1	20%
Подсолнечник.	1	20%
ИТОГО	5	100%

Источник: Опросы участников торгов.
Подготовила: Александра Вега.

График 14. Наиболее популярный бренд

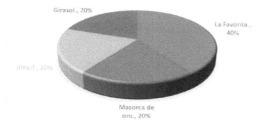

31

Источник: Таблица 15.
Подготовлено: Александрой Вега
Анализ и интерпретация.
Согласно предыдущему вопросу, 40% опрошенных дистрибьюторов ответили, что наиболее популярным на рынке является масло La favorita, 20% дистрибьюторов назвали Mazorca de Oro, 20% - Alesol и 20% - Girasol.

3. В своем бизнесе вы продаете 500 мл пищевого масла.

Таблица 16. Продажи масла объемом 500 мл.

ПЕРЕМЕННАЯ	FREQUENCY	ПЕРЦЕНТАЖ
Да	5	100%
Нет	0	0%
Всего	5	100%

Источник: Опросы участников торгов.
Подготовила: Александра Вега.

График 15. Продажи 500 мл нефти.

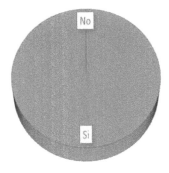

Источник: Таблица 16.
Подготовила: Александра Вега.

Анализ и интерпретация

Что касается продажи пищевого масла в упаковке 500 мл, то 100% поставщиков утверждают, что продают его, что позволяет сравнить со спросом на эту упаковку.

5.   Сколько пищевого масла объемом 500 мл Вы продаете в месяц?

Таблица 17. Количество продаж за месяц

ПЕРЕМЕННАЯ	FREQUENCY	ПЕРЦЕНТАЖ
От 201 до 300 единиц.	1	20%
От 301 до 400 единиц.		
401 - 500 единиц.		
ИТОГО	5	100%

Источник: Опросы клиентов.
Подготовила: Александра Вега.

График 16. Месячное количество продаж

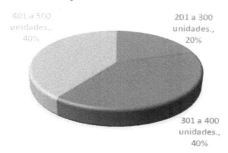

Источник: Таблица 17.
Подготовила: Александра Вега.

Анализ и интерпретация.

Согласно приведенному выше вопросу, 40% опрошенных дистрибьюторов заявили, что продают от 101 до 400 единиц в месяц пищевого масла объемом 500 мл, 40% - от 401 до 500 единиц в месяц и 20% - от 201 до 300 единиц в месяц.

5. по какой цене Вы продаете 500 мл пищевого масла?
Таблица 18. Цена реализации

ПЕРЕМЕННАЯ	FREQUENCY	ПЕРЦЕНТАЖ
От $2 - $2,50		80%
От $3 до $3,50	1	6%
ИТОГО	5	100%

Источник: Опросы участников торгов.
Подготовила: Александра Вега.

График 17. Цена реализации

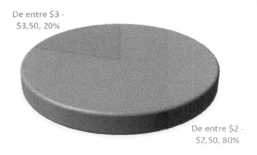

De entre $3 - $3,50, 20%

De entre $2 - $2,50, 80%

Источник: Таблица 16.
Подготовила: Александра Вега.

Анализ и интерпретация.

Согласно приведенному выше вопросу, 80% опрошенных дистрибьюторов заявили, что отпускная цена на пищевое масло в целом и по всем маркам составляет от $2 до $2,50 за 500 мл тары, а 20% - от $3 до $3,50 за 500 мл тары.

6. Какой канал сбыта Вы используете для продажи пищевого масла?

Таблица 19. Используемые каналы распределения

АЛЬТЕРНАТИВА	FREQUENCY	ПЕРЦЕНТАЖ
Компания-оптовик	0	0%
Компания-ритейлер	1	20%
Компания - конечный потребитель		80%
Всего	**5**	**100%**

Источник: Опросы участников торгов **Подготовила**: Александра Вега.

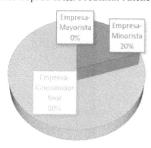

Empresa-Mayorista 0%

Empresa-Minorista 20%

Empresa-Consumidor final 80%

График 18. Используемые каналы распределения

Источник: Таблица 19.
Подготовила: Александра Вега.
Анализ и интерпретация

Что касается канала распределения, используемого для продажи пищевого масла, то 80% заявили, что используют прямой канал "компания-потребитель", а 20% сообщили, что продажа осуществляется через компанию-ритейлера.

7. Проводите ли Вы в своем бизнесе рекламные акции?

Таблица 20. Реализация рекламных акций

ОПИСАНИЕ	FREQUENCY	ПЕРЦЕНТАЖ
Да	1	20%
Нет		80%
ИТОГО	5	100%

Источник: Опросы участников торгов.
Подготовила: Александра Вега.

Рисунок 19. Реализация продвижения

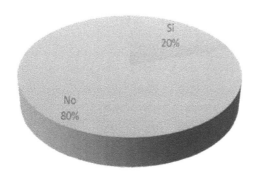

Источник: Таблица 20.
Подготовила: Александра Вега.
Анализ и интерпретация

Что касается проведения промо-акций, то 80% респондентов заявили, что не проводят их, а 20% - что проводят.

8. Какие рекламные акции Вы проводите?

Таблица 21. Виды рекламных акций

ОПИСАНИЕ	FREQUENCY	ПЕРЦЕНТАЖ
Скидки	0	0%
Дополнительный продукт	0	0%
Raffles	1	100%
Другие.	0	0%
%TOTAL	1	100%

Источник: Опросы участников торгов.
Подготовлено: Александрой Вега

Рисунок 20. Виды рекламных акций

Источник: Таблица 21.
Подготовлено: Александрой Вега

Анализ и интерпретация

Что касается типа промоакций, то в данном случае только компания-тендер ответила, что проводит промоакции, указав, что они ориентированы на розыгрыши.

9. Рекламируете ли Вы свой бизнес?

Таблица 22. Реализация рекламы

ОПИСАНИЕ	FREQUENCY	ПЕРЦЕНТАЖ
Да		
Нет		60%
ИТОГО	5	100%

Источник: Опросы участников торгов.
Подготовлено: Александрой Вега
Рисунок 21. Выполнение рекламы

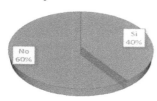

Источник: Таблица 22.
Подготовлено: Александрой Вега

Анализ и интерпретация
Что касается эффективности рекламы, то 60% поставщиков пищевых масел не рекламируются, а 40% - рекламируются.

10. С помощью какого носителя Вы размещаете рекламу?

Таблица 23. Рекламные носители

АЛЬТЕРНАТИВЫ	FREQUENCY	ПЕРЦЕНТАЖ
Телевидение.		0%
Радио.	1	50%
Печатные издания.		0%
Другие.	1	50%
Всего		**100%**

Источник: Опросы участников торгов.
Подготовлено: Александрой Вега

График 22. Рекламные носители

▪ Televisión.   ▪ Radio.   ▪ Prensa escrita.   ▪ Otros.

Источник: Таблица 23.
Подготовлено: Александрой Вега

Анализ и интерпретация
Что касается средств массовой информации, используемых тендерными компаниями для размещения рекламы, то 50% из них используют радио и 50% - другие средства массовой информации.

Глава 4

g. Обсуждение.

Исследование рынка.

Целью данного маркетингового исследования является анализ потребителей и производимого продукта, такого как масло Sancha Inchi, а также конъюнктуры рынка. Оно также призвано дать обоснованную аргументацию по продаже продукта, для чего необходимо провести анализ спроса, предложения, цен, маркетинга, аспектов, которые будут определять коммерческую динамику, поддерживающую продукт на рынке.

В рамках данного исследования будут поставлены следующие задачи:

1. Конкретизировать характеристики продукта, исследуемого в данном проекте.

2. Количественно классифицировать спрос и предложение масла "Сача Ичи" в кантоне Лимон Инданса.

3. Сегментировать рынок по бизнес-критериям, чтобы спрос был более реальным, конкретным с точки зрения вкусов, предпочтений и покупательской способности потребителей.

Исследование спроса.

Спрос любой компании складывается из количества продукта, необходимого потребителям в данный момент времени. Для установления спроса использовалась статистическая информация, которая в соответствии с выбранной выборкой подвергалась опросам, чтобы затем упорядочить информацию и провести соответствующий анализ и интерпретацию результатов.

Речь идет о потенциальном, реальном и эффективном спросе, который рассчитывается путем умножения количества семей на семейное потребление масла Sacha Inchi, с помощью чего определяется общее годовое потребление продукта.

Представить информацию о численности населения по данным INEC за 2010 год, которые послужили для прогнозирования численности населения до 2016 года с темпом роста -0,52%, так что на 2016 год численность населения в кантоне Limón Indanza составляет 9 423 человека, деленная на 4 человека, составляющих семью, то есть 2 356 семей, что прогнозируется на 10 лет жизни проекта, согласно следующей таблице.

ТАБЛИЦА 19
ПРОГНОЗ ЧИСЛЕННОСТИ НАСЕЛЕНИЯ

Нет.	ГОД	НАСЕЛЕНИЕ	N° СЕМЬИ
0	2016	9.423	2.356
1	2017	9.374	2.344
	2018	9.325	2.331
	2019	9.277	2.319
	2020	9.229	2.307
5	2021	9.181	2.295
	2022	9.133	2.283
	2023	9.086	2.272
8	2024	9.039	2.260
9	2025	8.992	2.248
10	2026	8.945	2.236

Источник: Таблица N° 1
Подготовлено: Александра Вега

ОПРЕДЕЛЕНИЕ СПРОСА.

ПОТЕНЦИАЛЬНЫЙ СПРОС.

На вопрос 2 97% домохозяйств ответили, что потребляют пищевые масла в домашних условиях, что составляет потенциальный спрос.

Таблица 24. Потенциальный спрос

Нет.	ГОД	КОЛИЧЕСТВО СЕМЕЙ	ПОТЕНЦИАЛЬНЫЙ СПРОС, ДОМАШНИЕ ХОЗЯЙСТВА, ПОТРЕБЛЯЮЩИЕ РАСТИТЕЛЬНОЕ МАСЛО (97% домохозяйств)
0	2016	2.356	2.285
1	2017	2.344	2.273
	2018	2.331	2.260
	2019	2.319	2.249
	2020	2.307	2.237
5	2021	2.295	2.225
	2022	2.283	2.214
	2023	2.272	2.203
8	2024	2.260	2.192
	2025	2.248	2.180
10	2026	2.236	2.168

Источник: Таблица N° 3
Подготовила: Александра Вега.

Потребление на душу населения.

Этот показатель был использован для оценки среднегодового количества масла "Сача Инчи" в презентации объемом 500 мл.

Потребление на душу населения

ОПИСАНИЕ	F	СРЕДНЕМЕСЯЧНОЕ ЗНАЧЕНИЕ	ОБЩЕЕ СРЕДНЕЕ ЗНАЧЕНИЕ
1 - 2 единицы.	132	1,5	198
3 - 4 единицы.	92	3,5	322
5 - 6 единиц.	55	5,5	305,50
7-8 единиц		7,5	
9-10 единиц.	1	9,50	9,50
	282		847
СРЕДНЕЕ ПОТРЕБЛЕНИЕ НА ДОМОХОЗЯЙСТВО (В МЕСЯЦ)			
СРЕДНЕЕ ПОТРЕБЛЕНИЕ НА ДОМОХОЗЯЙСТВО (В ГОД)			

Источник: Таблица N° 6.
Подготовила: Александра Вега.

Среднее арифметическое

Среднее

Среднее

Среднемесячное значение 3
Среднемесячное потребление масла "Сача Инчи" = 3 единицы.

$$\frac{\sum FXm}{n}$$

$$\frac{847}{282}$$

Среднегодовое потребление масла "Сача Инчи" 3 шт. х 12 = 36 шт. в год.

Реальный спрос.

Продолжая сегментацию рынка для определения реального спроса, возьмем количество семей, которые будут потреблять масло Sacha Inchi, что соответствует 88%, которые предпочитают покупать этот продукт из-за его натурального происхождения, затем реальный спрос на семью умножим на потребление на душу населения, которое было рассчитано в 36, и получим реальный спрос в единицах 500 мл, как показано в таблице ниже.

Прогноз фактического спроса.

На основании таблиц 24 и 25 был спрогнозирован фактический спрос на 10-летний срок реализации проекта.

Таблица 26. Фактический спрос

Нет.	ГОД	ПОТЕНЦИАЛЬНЫЙ СПРОС	АКТУАЛЬНЫЙ СПРОС Домохозяйки покупают масло сача инчи (88% от потенциального спроса)	ПОТРЕБЛЕНИЕ НА ДУШУ НАСЕЛЕНИЯ	АКТУАЛЬНЫЙ СПРОС в единицах по 500 мл.
0	2016	2.285	2.014		72.504
1	2017	2.273	2.003		72.108
	2018	2.260	1.992		71.712
	2019	2.249	1.982		71.352
	2020	2.237	1.971		70.956
5	2021	2.225	1.961		70.596
	2022	2.214	1.951		70.236
	2023	2.203	1.941		69.876
8	2024	2.192	1.932		69.552
9	2025	2.180	1.921		69.156
10	2026	2.168	1.911		68.796

Источник: Таблицы N° 4, 24 и 25
Подготовила: Александра Вега.

Эффективный спрос.

После расчета реального спроса необходимо узнать эффективный спрос Canton Limón Indanza, для чего необходимо взять за основу реальный спрос на единицы продукции объемом 500 мл, а также проверить в ходе опроса, какой процент семей будет покупать продукт, который будет предлагать данная компания. 93% от общего числа семей, потребляющих масло Сача Инчи, в случае создания компании будут покупать этот продукт, как видно из следующей таблицы.

ПРОГНОЗИРОВАНИЕ ПЛАТЕЖЕСПОСОБНОГО СПРОСА.

На основе приведенной выше таблицы можно спрогнозировать эффективный спрос на 10-летний срок реализации проекта.

Таблица 27. Эффективный спрос

Нет.	ГОД	РЕАЛЬНЫЙ СПРОС	ЭФФЕКТИВНЫЙ СПРОС (93% от фактического спроса)
0	2016	72.504	67.429
1	2017	72.108	67.060
	2018	71.712	66.692
	2019	71.352	66.357
	2020	70.956	65.989
5	2021	70.596	65.654
	2022	70.236	65.319
	2023	69.876	64.985
8	2024	69.552	64.683
	2025	69.156	64.315
10	2026	68.796	63.980

Источник: Таблицы N° 13 и 26
Подготовила: Александра Вега.

Изучение предложения.

Для анализа текущей ситуации с поставками продукта необходимо указать, что данный вид пищевого масла продается в кантоне Лимон Инданса.

Было проведено пять опросов среди дистрибьюторов продукта, из которых было взято все население кантона Лимон Инданса, учитывая, что в этих районах находятся крупные предприятия, можно сказать, что именно они продвигают продукт по всему региону. Это было сделано для того, чтобы иметь представление о том, какие марки существуют и каковы их предпочтения.

Определение продуктового предложения.

Предложение для настоящего проекта было определено путем опроса предприятий, торгующих пищевыми маслами, которые помогли нам получить необходимую для исследования информацию, которая была подробно описана самими предприятиями через закупки у дистрибьюторов, поставляющих им эти пищевые масла. С помощью опросов, проведенных в винных погребах, супермаркетах, на рынках и в магазинах, были определены объемы поставок пищевых масел в Limón Indanza этими предприятиями. В приведенной ниже таблице показаны месячные и годовые поставки тех, кто продает пищевые масла на вышеупомянутых предприятиях.

Таблица 28. Ежемесячные продажи пищевого масла

ОПИСАНИЕ	F	PROEMDIO	ОБЩЕЕ СРЕДНЕЕ ЗНАЧЕНИЕ
От 201 до 300 единиц.	1	250,00	
От 301 до 400 единиц.		350,00	
401 - 500 единиц.		450,00	
ИТОГО	5	1.250	1.850
СРЕДНЯЯ СТАВКА НА КОМПАНИЮ В МЕСЯЦ			370
СРЕДНЕГОДОВОЙ ОБЪЕМ ПОСТАВОК НА ОДНО ПРЕДПРИЯТИЕ			4.440
ОБЩЕЕ ГОДОВОЕ ПРЕДЛОЖЕНИЕ			22.200

Источник: Таблица 17
Подготовила: Александра Вега.

СРЕДНЕГОДОВОЕ ПРЕДЛОЖЕНИЕ

<u>Среднее:</u>

<u>Среднее370</u>   МЕСЯЦ

СРЕДНЕМЕСЯЧНОЕ ПРЕДЛОЖЕНИЕ 370 ЕДИНИЦ В МЕСЯЦ НА

КОМПАНИЯ.

<u>Продажи:</u>

370 X 12 = 4 440 единиц продукции в год на одно предприятие

4 440 x 5 = <u>22 200,00</u> Единиц, проданных за год.

<u>Среднее</u>

$$\frac{\sum FXm}{n}$$

$$\frac{1.850}{5}$$

Десятилетний прогноз предложения.

После определения объема предложения продукта выполняется прогноз предложения на десять лет срока полезного использования проекта. При этом учитывался темп роста продаж в городе и кантоне Limón Indanza, который составляет -0,52% в год (информация получена в результате опросов, проведенных на складах, в супермаркетах, магазинах и т.д., после чего среднее значение было рассчитано следующим образом:

Таблица 29. Прогноз предложения пищевого масла

Нет.	ГОД	ОФЕРТА
0	2016	22.200,00
1	2017	22.085,00
	2018	22.084,00
	2019	22.083,00
	2020	22.082,00
5	2021	22.081,00
	2022	22.080,00
	2023	22.079,00
8	2024	22.078,00
	2025	22.077,00
10	2026	22.076,00

Источник: Таблица 24.
Подготовила: Александра Вега.

Анализ спроса и предложения.

Неудовлетворенный спрос.

При рассмотрении количества предлагаемого пищевого масла по результатам опроса можно установить, что спрос на масло "Сача Инчи" удовлетворяется продуктом, предлагаемым коммерческими фирмами, которые его распространяют, поэтому считается, что существует неудовлетворенный спрос, что оставляет возможность выхода на конкурентный рынок, пользуясь тем, что наша компания находится на том же рынке.

Таблица 30. Прогноз неудовлетворенного спроса на пищевое масло "Сача Инчи".

Нет.	ГОД	ЭФФЕКТИВНЫЙ РАСХОД (500 мл)	ПРОЕКТНОЕ ПРЕДЛОЖЕНИЕ (Единицы по 500 мл.)	НЕОБХОДИМЫЙ ЗАКАЗ (Единицы измерения по 500 мл.)
0	2015	67.429	22.200	45.229
1	2016	67.060	22.085	44.975
	2017	66.692	22.084	44.608
	2018	66.357	22.083	44.274
	2019	65.989	22.082	43.907
5	2020	65.654	22.081	43.573
	2021	65.319	22.080	43.239
	2022	64.985	22.079	42.906
8	2023	64.683	22.078	42.605

	2024	64.315	22.077	42.238
10	2025	63.980	22.076	41.904

Источник: Таблицы 27 и 29.
Подготовила: Александра Вега.

Маркетинговый план.

Продукт.

Продукт будет продаваться в пластиковых бутылках в соответствии с предпочтениями потребителей, высказавшихся в пользу этой бутылки в вопросе № 11 опроса заявителей, таблица № 11, как показано на графике, а также продукт будет иметь презентацию объемом 500 мл.

Название продукта.
Наименование продукта - "Масло Сача Инчи".

Цена.

Расчетная цена будет рассматриваться на основе анализа конкуренции. При установлении собственных цен компания будет учитывать уровень цен конкурентов. По данным опроса как покупателей, так и поставщиков, средняя цена на данный товар составляет $2,50. Эта тенденция совпадает с восприятием покупателями цен, установленных конкурентами. Эта тенденция совпадает с восприятием покупателем цен, установленных конкурентами. Важно отметить, что ценообразование должно соответствовать текущей предрасположенности рынка, быть ниже или равным ценам, установленным конкурентами. Кроме того, цена на масло сача инчи будет устанавливаться после проведения анализа общих и удельных затрат, а норма прибыли будет корректироваться в соответствии с текущей ценой продукта.

Площадь
Тип распределения, который будет использоваться для данного продукта, - Producer, Intermediary, Final Consumer, так как считается, что это наилучший способ доведения продукта до конечного потребителя. Коммерциализация масла Sacha Inchi будет осуществляться на различных складах, в супермаркетах, на рынках и в магазинах города и кантона Лимон Инданса, в зависимости от обстоятельств и возможностей продукта.

РЕКЛАМА.

Конкуренция всегда присутствует на рынке различных продуктов, производимых и реализуемых конечному потребителю, как в случае с пищевым маслом, и компании, которая собирается выйти на рынок, приходится сталкиваться с этой проблемой, поэтому важно наладить коммуникацию с потребителем, а чтобы достичь его, необходимо использовать платные средства массовой информации, направленные на группу интересов компании, такие как телевидение, радио и печатные СМИ, разъясняя характеристики, выгоды и преимущества предлагаемого продукта.

Рекламный план, который будет вложен в вывод продукта на рынок, будет раскрыт следующим образом:

Таблица 31. Рекламный план

АДВЕРТИЗАЦИЯ	СПРАВОЧНИК	ФАКТОР	QUANTITY	ЦЕНА	ИТОГО ЕЖЕМЕСЯЧНО
ГазетаЛа Время.	Каждый день	Четверть страницы	30 дней	5,00	150,00
Radio voz del upano.	12Н00	40 секунд	10	5,00	50,00
Радио "Лимон".	12Н00	40 секунд	10	5,00	50,00
Цифровое телевидение.	19Н00	20 секунд	5	15,00	75,00
ИТОГО					325,00

Источник: Телевидение и радио.
Подготовила: Александра Вега.

Для того чтобы масло "Сача Инчи" и информация о продукте стали более известны благодаря рекламе, будут обнародованы некоторые правила продаж.

1 Цена на масло Sacha Inchi будет зависеть от его количества, стараясь быть равной ценам конкурентов, но планироваться таким образом, чтобы покрывать производственные затраты.

2 Товар будет поставляться непосредственно посредникам, чтобы затем попасть к конечному потребителю.

3   Продвижение масла Sacha Inchi будет осуществляться в стратегически важных местах города, таких как продуктовые магазины, супермаркеты и рынки в населенном пункте и провинции, при наличии соответствующих разрешений, выданных соответствующими органами.

Техническое исследование.
Размер и местоположение.
Размер компании.

В соответствии с результатами, полученными в ходе исследования рынка, с точки зрения потенциального, реального и эффективного спроса, можно определить размер завода. С другой стороны, знание производственного процесса и требуемой технологии является фундаментальным аспектом для его определения таким образом, чтобы его можно было привести в соответствие с наличием и требованиями компании.

Для нормальной работы компании по добыче нефти Сача Инчи необходима площадь около 250 м '.[2]

ПОТЕНЦИАЛ.

Эта мощность определяется использованием наиболее подходящей технологии, а также процессом, связанным с получением конечного продукта из сырья Sacha Inchi, т.е. способностью преобразовывать это сырье, производственной мощностью, которая будет измеряться по количеству работы, выполняемой в течение 8 часов в день, что является рабочим днем, действующим в стране, в течение 260 рабочих дней.

УСТАНОВЛЕННАЯ И ИСПОЛЬЗУЕМАЯ МОЩНОСТЬ

Установленная мощность завода будет определена исходя из производственного процесса продолжительностью 8 часов в день (два процесса по 75 единиц каждые 4 часа). Мы будем работать с машинами и оборудованием, способными производить 150 единиц 500 мл в день, с тремя людьми, заведующим складом и двумя рабочими, работающими 22 дня в месяц, следовательно, мы будем производить 3 300 единиц 500 мл в месяц и 39 600 единиц 500 мл в год. Что касается сырья, то на каждую единицу 500 мл необходимо использовать 50 мл сача инчи, поэтому для годового производства 39 600 единиц 500 мл будет переработано 1 881 000,00 мл сача инчи.

Важно отметить, что установленная мощность в количестве единиц будет сохраняться в течение 10 лет срока эксплуатации проекта, однако охват рынка будет увеличиваться в зависимости от снижения неудовлетворенного спроса, что связано с тем, что исследуемое население имеет отрицательный процент роста. По этой причине в 1-й год рынок начнет покрывать 87,55%, а в 10-й год - 94,50%, как показано в табл. 32.

Аналогично, 95% установленной мощности будет использоваться во все годы, т.е. годовой объем производства составит 37 620 единиц продукции объемом 500 мл, но не 100%, так как могут возникнуть непредвиденные обстоятельства и/или потери времени на производстве, связанные с обслуживанием оборудования, несчастными случаями на производстве и т.д.

Таблица 32. Установленная и используемая мощность

Нет.	ГОДЫ	ИНСАТИФИ ЦИРОВАНН ЫЙ РАСХОД (Единицы по 500 мл.)	% УСТАНОВЛ ЕННОЙ МОЩНОСТ И	Вместимость (500 мл. единиц)	% ИСПОЛЬЗУЕ МЫЙ КАПИТАЛ	UNITS (Единицы измерения по 500 мл.)

0	2015	45.229,00	87,55%	39.600	95%	37.620
1	2016	44.975,00	88,05%	39.600	95%	37.620
	2017	44.608,00	88,77%	39.600	95%	37.620
	2018	44.274,00	89,44%	39.600	95%	37.620
	2019	43.907,00	90,19%	39.600	95%	37.620
5	2020	43.573,00	90,88%	39.600	95%	37.620
	2021	43.239,00	91,58%	39.600	95%	37.620
	2022	42.906,00	92,29%	39.600	95%	37.620
8	2023	42.605,00	92,95%	39.600	95%	37.620
9	2024	42.238,00	93,75%	39.600	95%	37.620
10	2025	41.904,00	94,50%	39.600	95%	37.620

Источник: Таблица N° 30.
Подготовила: Александра Вега.

МЕСТОНАХОЖДЕНИЕ КОМПАНИИ.

МЕСТОПОЛОЖЕНИЕ ПРОЕКТА.

Поскольку данный проект имеет особые характеристики, его географическое расположение будет определяться в соответствии с адекватным анализом каждого из факторов, влияющих на его эксплуатационную фазу, в результате чего будет установлено, что местом размещения перерабатывающего завода могут быть следующие:

Макроположение:

Завод по переработке нефти "Сача Ичи" будет расположен в:

СТРАНА: Эквадор.

Регион: Восток.

ПРОВИНЦИЯ: Морона Сантьяго

КАНТОН: Limón Indanza.

Рисунок 23. Макролокализация

Источник: Карты Google

Микроразмещение:

Завод по переработке масла Сача Инчи будет расположен на:
КАНТОН: Limón Indanza.
АДРЕС: Km 22 Vía Macas.

Таблица 33. Матрица местоположений

ЗНАЧИМЫЙ ФАКТОР	ПРИСВОЕННЫЙ ВЕС	АЛЬТЕРНАТИВА 1 Сельская местность		АЛЬТЕРНАТИВА 2 Городской район	
		КВАЛИФ.	КВАЛИФ. ПОНД.	КВАЛИФ.	КВАЛИФ. ПОНД.
Наличие доступа для Клиента	0,30	8	2,7	10	
Наличие сырья	0,30	10		5	1,50
Труд	0,20	9	1,8	9	1,8
Общие услуги	0,20	10		9	1,8
ИТОГО	**1,00**		**9,50**		**8,10**

Подготовлено: Александра Вега

ОБОСНОВАНИЕ МЕСТОПОЛОЖЕНИЯ.

Эта часть очень важна для данного типа проекта, так как если он будет расположен в сельском секторе кантона Лимон Инданса, то компания будет базироваться в основном на стратегическом расположении, чтобы обеспечить себя сырьем, которым является Sacha Inchi, и должна быть найдена в пределах потенциального рынка для его распространения по всему кантону Лимон Инданса.

ПРОЕКТИРОВАНИЕ.

Эта часть является основополагающей в данном исследовании, поскольку она связана с поиском элементов производственного процесса с точки зрения соответствующей технологии, которая будет использоваться при производстве масла Sacha Inchi, а также с проектированием физической инфраструктуры, которая соответствует размерам, установленным для завода, и позволяет ему соответствовать ожиданиям рынка.

ПРОИЗВОДСТВЕННЫЙ ПРОЦЕСС.

Наиболее важным является производственный процесс, в котором саха инчи используется в качестве сырья для получения масла. Следует иметь в виду, что в нашей стране самым потребляемым маслом из семян является подсолнечное масло. После извлечения масла из семян оно нуждается в рафинации для улучшения условий сохранности и питательности, поскольку некоторые семена содержат ряд веществ, называемых антипитательными, которые могут стать токсичными, поэтому процесс, в котором саха инчи будет использоваться в качестве сырья для получения пищевого масла, подробно описан ниже:

Экстракция. Для получения пищевого масла из Сача Инчи сырье извлекается из листьев Сача Инчи.

Нейтрализация. Этот процесс позволяет удалить свободные жирные кислоты, образовавшиеся в конечном продукте. Обезжиривание осуществляется путем добавления в масло 12-15% гидроксида натрия. Эта операция осуществляется в котлах, оснащенных мешалкой и системой высокотемпературного парового нагрева. При этом в пасте (соединение кислот с гидроксидом) образуются мыльные гранулы, которые разрастаются и могут быть удалены с помощью декантеров или центрифуг.

Дезодорирование. При этой обработке водорастворимые вещества, обусловливающие запах, удаляются струей водяного пара. При этом масло нагревается до температуры 150-160оС, одновременно через него пропускается струя прямого пара, который уносит все летучие вещества, оставляя масло практически без запаха и со слабым вкусом. Этот процесс длится 3-4 часа и является самым продолжительным во всем процессе рафинации.

После этих технологических операций мы получаем однородный и чистый конечный продукт, но проблема возникает, когда мы оцениваем это масло с точки зрения питания, поскольку после рафинации масло теряет почти 100% витаминов и антиоксидантов (стеринов, токоферола).

Это также означает, что масла на основе Сача Инчи менее стабильны и менее устойчивы к высоким температурам кулинарной обработки, поэтому их повторное использование должно контролироваться гораздо строже, чем в случае с оливковым маслом. Для компенсации этих потерь действующее законодательство допускает добавление антиоксидантов (присадок).

Рисунок 24. Блок-схема процесса

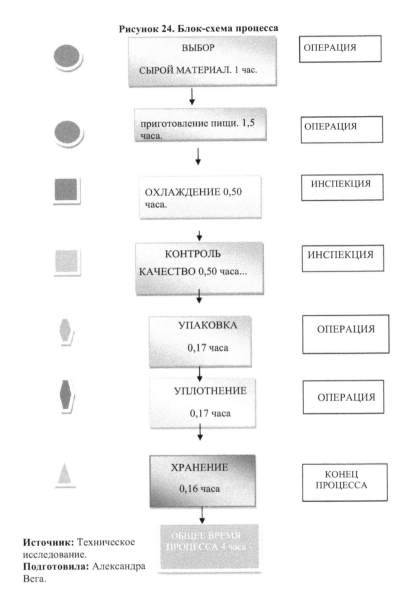

	ВЫБОР СЫРОЙ МАТЕРИАЛ. 1 час.	ОПЕРАЦИЯ
	приготовление пищи. 1,5 часа.	ОПЕРАЦИЯ
	ОХЛАЖДЕНИЕ 0,50 часа.	ИНСПЕКЦИЯ
	КОНТРОЛЬ КАЧЕСТВО 0,50 часа...	ИНСПЕКЦИЯ
	УПАКОВКА 0,17 часа	ОПЕРАЦИЯ
	УПЛОТНЕНИЕ 0,17 часа	ОПЕРАЦИЯ
	ХРАНЕНИЕ 0,16 часа	КОНЕЦ ПРОЦЕССА
	ОБЩЕЕ ВРЕМЯ ПРОЦЕССА 4 часа	

Источник: Техническое исследование.
Подготовила: Александра Вега.

Процесс производства масла Сача Инчи займет 240 минут, в течение которых будет произведено 75 единиц по 500 мл. В день будет производиться 2 процесса, т.е. 150 единиц.

РАСПРЕДЕЛЕНИЕ ПРЕДПРИЯТИЯ.
ФИЗИЧЕСКАЯ ИНФРАСТРУКТУРА.

При поддержке специалистов в области гражданского строительства было определено, что добывающая фабрика будет размещена на земельном участке площадью 240 м² , которые распределены следующим образом:

Офисы	40 m²
Экстракционный завод	120m²
Зеленые зоны	80 m²
ИТОГО	**240 m²**

График 25. Физическая схема завода

Подготовлено: Александра Вега

ТРЕБОВАНИЯ, ПРЕДЪЯВЛЯЕМЫЕ К ДЕЯТЕЛЬНОСТИ КОМПАНИИ.

LABOUR.

Материя одна прямая:

Основным сырьем для производства является семя Sacha Inchi.

Таблица 34. Прямая потребность в сырье

Описание	Годовая потребность мл.
Сача Инчи	1.881.000,00

Подготовлено: Александра Вега

Вопрос первый косвенный:

Таблица 35. Косвенная потребность в сырье

Описание	Годовая сумма
Контейнеры объемом 500 мл	37.620,00
Клейкие этикетки	37.620,00
Обложки	37.620,00

Подготовлено: Александра Вега

Машины и оборудование

Таблица 36. Требования к оборудованию и технике

Описание	Количество
Роторная сушилка непрерывного действия	1
Мельница	1
Гидравлический пресс	1
Заправочный бак	

Насос	
Фильтровальный мешок	
Конвейерная лента	
Стол для обстрела	
Бункер (для впрыска жидкости)	
Элеватор Cangioles	1
Машина для измельчения семян	1
Маслоэкстрактор	1
Оборудование для дистилляции	1

Подготовлено: Александра Вега

Инструменты

Таблица 37. Требования к инструментам

Деталь	Qty.
Пластиковый ящик для инструментов	1
Набор отверток 10 Детали	1
Набор кубиков из 14 штук	1
Набор ключей 12 шт.	1
Большие пластиковые ящики Электрические весы	1

Подготовлено: Александра Вега

Адекватность оборудования

Таблица 38. Требования к объектам

Описание
Электрические установки.
Установка и монтаж машин и оборудования.
Разделители пространства.
Покраска административных помещений.

Подготовлено: Александра Вега

Офисная мебель

Таблица 39. Требования к офисной мебели

Описание	Количество
Стол.	
Вращающиеся стулья.	
Накладная мебель.	
Полка.	
Стеллаж (2мх6м).	
Пластиковые стулья.	
Стол для совещаний.	1

Подготовлено: Александра Вега

Компьютерное оборудование

Таблица 40. Требования к компьютерному оборудованию

Описание	Qty.
Настольные компьютеры DELL.	
Принтеры.	
Портативный.	1

Подготовлено: Александра Вега

Офисное оборудование

Таблица 41. Требования к офисному оборудованию

Описание	Qty.
Беспроводной телефон Panasonic.	
Телевидение.	1
Проектор.	1
Телефонная станция.	1

Подготовлено: Александра Вега

Управление персоналом

Это еще один очень важный фактор, позволяющий выпускать продукцию, поскольку персонал имеет бизнес-образование среднего и высшего уровня.

К ним относятся:

Таблица 42. Потребности в человеческих кадрах

Описание	Количество
Рабочие.	
Руководитель производства.	1
Секретарь-бухгалтер.	1
Менеджер.	1
Консьерж-охранник.	1
Драйвер продаж	1

Подготовлено: Александра Вега

Организационное исследование.

Юридическая организация.

В качестве организационно-правовой формы и в целях стимулирования инвестиций в данном кантоне было предусмотрено создание общества с ограниченной ответственностью в соответствии со ст. 93 Закона о компаниях, которая в своей основной части гласит: Ст. 93.- Общество с ограниченной ответственностью - это компания, заключенная между двумя или более лицами, которые несут ответственность по социальным обязательствам только в пределах суммы своих индивидуальных вкладов и осуществляют свою деятельность под фирменным наименованием или объективным наименованием, к которому в любом случае добавляются слова Limited Company или соответствующая аббревиатура.

Для создания такой компании и ее существования требуется не менее 3 партнеров, а функционировать как таковая она может только при наличии не более 15 партнеров, которые несут ответственность по обязательствам компании только в пределах суммы своих индивидуальных вкладов и имеют право управлять ею.

Регистрация компании

Правовая основа

Для того чтобы свободно осуществлять свою деятельность, каждая компания должна отвечать определенным требованиям законодательства, среди которых можно выделить следующие:

> **Учредительный договор (Articles of Incorporation).** Это документ, удостоверяющий юридическое образование компании, который должен содержать справочные данные партнеров, с которыми создается компания.

> **Название или наименование компании.** Это название, под которым будет работать компания, которое должно соответствовать типу создаваемой компании и отвечать требованиям Закона.

> **Адрес.** Каждая компания на этапе своей деятельности будет сталкиваться с множеством ситуаций, обусловленных ее деятельностью и рынком, поэтому она должна четко указать адрес своего местонахождения на случай, если он потребуется клиентам или другим физическим или юридическим лицам.

> **Цель деятельности компании.** Когда компания создается, она преследует конкретную цель - производство, создание или сбыт товаров или услуг, которая должна быть четко определена, с указанием сектора производства, в котором она будет осуществлять свою деятельность.

> **Уставный капитал.** Необходимо указать размер капитала, с которым новая компания начинает свою деятельность, и способ его формирования.

> **Срок деятельности компании.** Любая деятельность имеет определенный срок, на который она планируется и по которому впоследствии оценивается, чтобы соотнести полученные результаты с ожидаемыми, поэтому компания должна также указать, в течение какого времени или периода она будет работать.

> **Директора.** Ни одна компания не может быть эффективной, если общее управление не делегировано или не поручено ряду лиц или лицу, которое будет нести ответственность за действия компании.

> **Название компании**

В соответствии с положениями статьи 137, цифра 2 Закона о компаниях, действующего в Эквадоре, фирменным наименованием компании является:

"SACHA INCHI" Cía. Ltda.

> Корпоративная цель

Объектом деятельности компании является производство и реализация масла "Сача Инчи".

> Срок действия компании

Срок действия компании с момента ее создания составляет 10 лет с учетом года подготовки, в котором предполагается зарегистрировать компанию, за исключением случаев, предусмотренных ст. 361 Закона о компаниях.

Учредительный договор компании "PROLALAG" Cía. Ltda.

В кантоне Лаго-Лимон, провинция Мороне-Сантьяго, в 27-й день мая 2017 года, по собственной инициативе и по совету доктора Норы Беатрис Кульки, в присутствии: Александры Ксимены Вега Вега, с C.I.: 2100971284; Pablo Eduardo Pino Remache C.I.: 0603017245 и María Elena Ramírez Barragán C.I.: 0201666989, которые решили войти в состав компании **"SACHA INCHI" Cía. Ltda,** которая будет заниматься производством и реализацией пастеризованного молока в кантоне Лаго-Агрио.

**ПРОТОКОЛ О РЕГИСТРАЦИИ КОМПАНИИ SACHA INCHI CÍA. LTDA.
ЛОРД НОТАРИУС:**

Просим Вас внести в протокол государственных актов за Ваш счет одну из регистраций компании, содержащую следующие пункты:

ПЕРВЫЕ: Гленда Элизабет Рамирес Барраган, гражданка Эквадора, владелец карточки C.I. 2100671284; Пабло Эдуардо Пино, гражданин Эквадора, владелец карточки C.I. 2100671284; Пабло Эдуардо Пино, гражданин Эквадора, владелец карточки C.I. 2100671284.

Ремаче, гражданин Эквадора с картой гражданства 0603017245, и Мария Елена Рамирес Барраган, гражданка Эквадора с картой гражданства 0201666989, в полном объеме своих прав выступают за создание компании **"SACHA INCHI" Cía. Ltda.**

ВТОРАЯ ДЕКЛАРАЦИЯ ВОЛИ: Стороны заявляют, что они создают компанию, занимающуюся производством и коммерциализацией пастеризованного молока, с ограниченной ответственностью, на которую будут распространяться положения Закона о компаниях, Торгового кодекса, соглашений сторон и норм Гражданского кодекса.

ТРЕТЬЕ.- УСТАВ КОМПАНИИ

ПЕРВЫЙ ТИТУЛ: НАЗВАНИЕ, АДРЕС, ЦЕЛЬ И СРОК ДЕЙСТВИЯ.

Ст. 1. - Частная компания, созданная в соответствии с настоящим договором и действующая в соответствии с настоящим уставом, называется **"SACHA INCHI" Cía. Ltda.**

Статья 2. - **(АДРЕС)** Компания имеет основное место деятельности в кантоне Лимон, провинция Мороне Сантьяго, Республика Эквадор.

Статья 3. - (Объект) Объектом деятельности компании является производство и реализация пастеризованного молока. В отношении этих видов деятельности в целом компания может осуществлять все виды действий, контрактов и операций, разрешенных законодательством Эквадора, которые соответствуют ее цели.

Статья 4. (Срок действия, продолжительность) Срок действия компании является неопределенным с момента ее регистрации в Торговом реестре, и этот срок остается на усмотрение владельца, принимая во внимание, что в целях расширения компании в нее могут войти акционеры.

РАЗДЕЛ ВТОРОЙ - КАПИТАЛ, АКЦИИ, ОБЯЗАТЕЛЬСТВА И УВЕЛИЧЕНИЕ.

Статья 5.- (КАПИТАЛ): Утвержденный, подписанный и оплаченный капитал составляет 43 270,42 долларов США.

Статья 6 (ЦЕННЫЕ БУМАГИ): Сертификаты акций должны быть обыкновенными и именными и заверяться подписями руководителя компании.

Ст. 7.- (ПРАВА) Акции дают право голоса на общем собрании акционеров пропорционально их оплаченной стоимости; для участия в собраниях необходимо, чтобы акционер был зарегистрирован в качестве такового в книге акций и акционеров.

Статья 8 (Увеличение капитала): Капитал компании может быть увеличен в любое время по решению ее владельца как за счет собственного капитала, так и за счет продажи акций.

Статья 9 (Ответственность): Ответственность акционеров по обязательствам компании ограничивается суммой принадлежащих им акций. Голосующие акции имеют право голоса по отношению к их оплаченной стоимости; к большинству голосов прибавляются пустые голоса и голоса воздержавшихся.

Статья 10.- (Книга акций) Компания ведет книгу акций и акционеров с момента увеличения своего капитала и продажи акций, при этом передача акций, образование вещных прав и другие изменения, происходящие с правом на акции, регистрируются, право собственности на акции подтверждается записью в книге акций и акционеров, право торговли акциями и их передачи регулируется положениями Закона о компаниях.

ТРЕТИЙ РАЗДЕЛ - ФИНАНСОВЫЙ ГОД, БУХГАЛТЕРСКИЙ БАЛАНС, РАСПРЕДЕЛЕНИЕ ПРИБЫЛИ И РЕЗЕРВОВ.

Статья 11.- (Финансовый год) Финансовый год является годовым и заканчивается тридцать первого декабря каждого года. По окончании каждого финансового года и в течение первых трех месяцев следующего года Генеральный директор представляет на рассмотрение Собрания акционеров годовой бухгалтерский баланс, отчет о прибылях и убытках, формулу распределения прибыли и другие необходимые отчеты.

Статья 12.- (Прибыль и резерв): Прибылью распоряжается ее владелец пропорционально своему доходу без согласования с кем-либо.

РАЗДЕЛ ЧЕТВЕРТЫЙ - РУКОВОДСТВО, УПРАВЛЕНИЕ И ПРЕДСТАВИТЕЛЬСТВО КОМПАНИИ.

Статья 13 (Управление и администрирование): Компания управляется генеральным директором, каждый из этих органов имеет полномочия и обязанности, предоставленные ему Законом о компаниях и настоящим уставом.

Статья 14.- (СОЗЫВ) Созыв собрания осуществляется руководителем общества путем направления письменного сообщения каждому из участников не менее чем за сорок восемь часов до даты проведения собрания.

Статья 15.- (Полномочия и обязанности Совета директоров).- Совет директоров обладает следующими полномочиями: a) Собираться на очередные ежемесячные и внеочередные заседания; b)

Вносить на рассмотрение Совета директоров проект бюджета в январе каждого года; с) Разрешать покупку и передачу недвижимости в пользу компании, а также составление ипотечных договоров и любое другое обременение, ограничивающее сферу и автономию или владение недвижимостью, принадлежащей компании; г) уполномочивать генерального директора на совершение действий, договоров и инвестиций, для которых в силу их значимости требуется такое разрешение; д) контролировать экономическое движение компании и руководить ее деловой политикой; е) выполнять и обеспечивать выполнение принятых решений и положений законодательства, Устава и нормативных актов; ж) определять должности, для занятия которых требуется поручительство, и квалифицировать поручителей; з) выполнять иные действия, предусмотренные законодательством, Уставом и решениями.

Статья 16.- (РЕШЕНИЯ) Решения Совета принимаются простым большинством голосов, при этом к большинству добавляются незаполненные голоса и воздержавшиеся.

Ст. 17 (Протоколы) - На каждом заседании Совета директоров ведется протокол, который подписывается председателем и секретарем, исполнявшими обязанности на заседании.

Статья 18 (Генеральный директор): Генеральный директор избирается общим собранием акционеров сроком на четыре года. Генеральный директор является законным представителем компании.

Статья 19.- (Полномочия и обязанности генерального директора).- Обязанности и полномочия генерального директора компании заключаются в следующем а) Юридически представлять компанию в суде и вне суда; b) Осуществлять управление корпоративным бизнесом и административное руководство компанией; с) Руководить финансово-экономическим управлением компании; d) Управлять, планировать, координировать, осуществлять и реализовывать деятельность компании; д) Осуществляет оплату административных расходов компании; е) Осуществляет инвестиции, приобретения и хозяйственные операции; ж) Регистрирует свое назначение с указанием причины его принятия в Торговом реестре; з) Представляет Совету директоров ежегодный отчет о своей работе; и) Выдает специальные и общие доверенности в соответствии с положениями Устава и закона; j) назначать работников и устанавливать им вознаграждение; k) обеспечивать ведение бухгалтерских книг и протоколов Совета директоров в соответствии с Законом; l) исполнять и обеспечивать исполнение решений Совета директоров; m) представлять Совету директоров бухгалтерский баланс, отчет о прибылях и убытках, бюджетный расчет и предлагаемое распределение прибыли в течение шестидесяти дней после окончания финансового года; n) осуществлять и исполнять иные полномочия, обязанности и ответственность, установленные Законом, настоящим уставом и положениями Компании, а также указанные Советом директоров.

Статья 20 (роспуск и ликвидация компании): Роспуск и ликвидация компании регулируются соответствующими положениями Закона о компаниях, в особенности положениями двенадцатого раздела этого Закона, а также положениями о роспуске и ликвидации компаний и положениями настоящего внутреннего документа.

Ст. 21.- (ОБЩИЕ ПОЛОЖЕНИЯ): По всем вопросам, не предусмотренным настоящим внутренним уставом, применяются положения Закона о компаниях и Положения о нем, а также положения о компании и решения совета директоров.

Ст. 22 (Аудит): Без ущерба для существования внутренних аудиторских органов Совет директоров может заключить договор на оказание бухгалтерских услуг или проведение аудита с любым специализированным физическим или юридическим лицом, соблюдая законодательные положения по данному вопросу.

РАЗДЕЛ ПЯТЫЙ - ОБЪЕДИНЕНИЕ И ОПЛАТА КАПИТАЛА

Капитал компании был оплачен единственными акционерами и владельцами, что подтверждается прилагаемым к настоящему документу сертификатом интеграции капитала.

Я, нотариус, полностью ознакомил с ним доверителя и подписал его при мне, нотариусе, который удостоверяет.

Дано и подписано в кантоне Лаго-Агрио 28-го дня мая 2017 года.
Александра Ксимена Вега Вега Пабло Эдуардо Пино Ремаче
   C.I.: ..........................C.I.: 0603017245

Структура компании

Основополагающей частью операционного этапа компании является ее организационная структура, поскольку хорошая организация позволяет распределить функции и ответственность между каждым из элементов, входящих в состав компании.

Это позволит эффективно управлять ресурсами, особенно человеческими. Организационная структура представлена в виде организационных схем, которые сопровождаются руководством по функциям, в котором установлены иерархические уровни полномочий.

Административные уровни.

В его состав входят все органы, сгруппированные по степени полномочий и ответственности, которыми они обладают, независимо от выполняемых ими функций.

ЗАКОНОДАТЕЛЬНЫЙ УРОВЕНЬ: в компании представляет собой первый иерархический уровень и образуется общим собранием акционеров, основной функцией которого является законодательное закрепление политики, проводимой организацией, регулирование процедур, принятие положений, указов, резолюций и т.д., а также принятие решений по важнейшим вопросам.

ИСПОЛНИТЕЛЬНЫЙ УРОВЕНЬ: этот уровень образует руководитель, который принимает решения по общей политике и основным направлениям деятельности, осуществляя полномочия, гарантирующие их добросовестное выполнение.

УРОВЕНЬ АДВИЗОРА: юрисконсульт, в функции которого входит консультирование и информирование по правовым вопросам.

АКСИЛИАРНЫЙ УРОВЕНЬ: Секретарь-бухгалтер, этот уровень помогает другим административным уровням в предоставлении своевременных и эффективных услуг.

Это уровень поддержки исполнительной, консультативной и оперативной работы. Степень его полномочий минимальна и ограничивается выполнением распоряжений исполнительного и оперативного уровней, а также выполнением рутинной административной деятельности.

ОПЕРАТИВНЫЙ УРОВЕНЬ - его составляют руководители отделов и их соответствующие подчиненные.

Этот уровень непосредственно отвечает за выполнение основных видов деятельности компании. Он является исполнителем распоряжений, отдаваемых органом управления.

Организационные схемы.

Ниже приведены организационные схемы, по которым будет осуществляться управление компанией, с учетом структурной, функциональной и позиционной организационной схемы.

Рисунок 26. Структурная организационная схема

"АСАИТ ДЕ САЧА ИНЧИ КИА. LTDA"

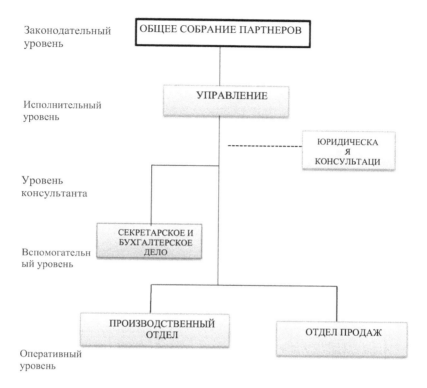

Законодательный
уровень

ОБЩЕЕ СОБРАНИЕ ПАРТНЕРОВ

Исполнительный
уровень

УПРАВЛЕНИЕ

ЮРИДИЧЕСКАЯ
КОНСУЛЬТАЦИ

Уровень
консультанта

СЕКРЕТАРСКОЕ И
БУХГАЛТЕРСКОЕ
ДЕЛО

Вспомогательн
ый уровень

ПРОИЗВОДСТВЕННЫЙ
ОТДЕЛ

ОТДЕЛ ПРОДАЖ

Оперативный
уровень

Подготовила: Александра Вега.

Рисунок 27. Функциональная организационная схема "АСАИТ ДЕ САЧА ИНЧИ КИА. LTDA"

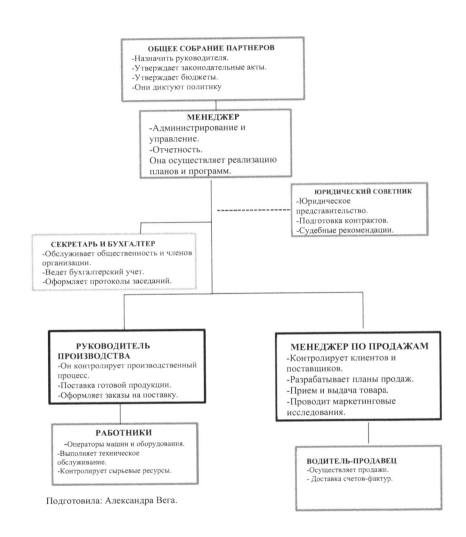

ОБЩЕЕ СОБРАНИЕ ПАРТНЕРОВ
-Назначить руководителя.
-Утверждает законодательные акты.
-Утверждает бюджеты.
-Они диктуют политику

МЕНЕДЖЕР
-Администрирование и управление.
-Отчетность.
Она осуществляет реализацию планов и программ.

ЮРИДИЧЕСКИЙ СОВЕТНИК
-Юридическое представительство.
-Подготовка контрактов.
-Судебные рекомендации.

СЕКРЕТАРЬ И БУХГАЛТЕР
-Обслуживает общественность и членов организации.
-Ведет бухгалтерский учет.
-Оформляет протоколы заседаний.

РУКОВОДИТЕЛЬ ПРОИЗВОДСТВА
-Он контролирует производственный процесс.
-Поставка готовой продукции.
-Оформляет заказы на поставку.

МЕНЕДЖЕР ПО ПРОДАЖАМ
-Контролирует клиентов и поставщиков.
-Разрабатывает планы продаж.
-Прием и выдача товара.
-Проводит маркетинговые исследования.

РАБОТНИКИ
-Операторы машин и оборудования.
-Выполняет техническое обслуживание.
-Контролирует сырьевые ресурсы.

ВОДИТЕЛЬ-ПРОДАВЕЦ
-Осуществляет продажи.
- Доставка счетов-фактур.

Подготовила: Александра Вега.

Рисунок 28. Организационная схема должностей

"АСАИТ ДЕ САЧА ИНЧИ КИА. LTDA"

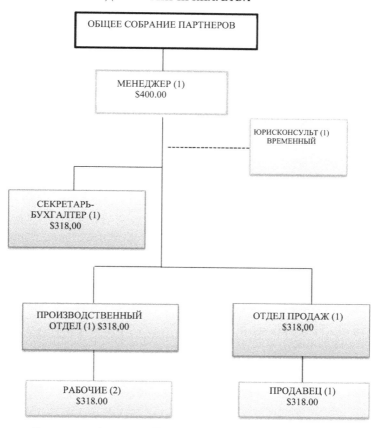

Подготовила: Александра Вега.

Руководство по функциям.

Ниже приведены должностные инструкции для каждого из иерархических уровней компании.

ТИПОВЫЕ ЗАДАЧИ УПРАВЛЕНИЯ:
J Утверждение и изменение устава, регламента и положения о выборах.
J Избрать управляющего
J Отстранить Управляющего от должности при наличии достаточных оснований в любое время
    тайным голосованием более половины членов Совета.
J Назначать внутренних и внешних аудиторов.
J Одобрить или отклонить финансовую отчетность и отчеты руководства.
J Информирование руководства о стратегическом плане и годовом операционном плане с бюджетом.
J Заслушивание и принятие решений по отчетам внутреннего и внешнего аудита.
J Принимать решения о распределении излишков в соответствии с законодательством.

J Разрешать обращения членов организации по поводу приостановления политических прав внутри организации.

J Определить количество и минимальную стоимость взносов, которые должны быть подписаны и уплачены членами.

J Утвердить положение о надбавках, командировочных расходах, мобилизационных и представительских расходах

J ТИПИЧНЫЕ МАРКЕТИНГОВЫЕ ЗАДАЧИ:

J - Планировать маркетинговые программы, политику и стратегии.

J - Разрабатывать и реализовывать стратегии продвижения и рекламы компании.

J - Определить стратегические места и подходящих посредников для сбыта готовой продукции.

J - Анализировать политику продаж.

J - Реагировать на продажи на провинциальном рынке.

КОД:	
ДЕПАРТАМЕНТ:	Генеральная администрация.
ДОЛЖНОСТЬ ТИТЛ:	МЕНЕДЖЕР.
НЕПОСРЕДСТВЕННЫЙ НАЧАЛЬНИК:	Общее собрание акционеров.
СУБАЛТЕРНЫ:	Начиная с их уровня и выше, все.

ХАРАКТЕР РАБОТЫ:

- Планирование, организация, руководство и контроль бесперебойной работы компании для достижения поставленных целей.

- Контролировать, направлять и планировать маркетинговый процесс компании.

ТИПОВЫЕ ЗАДАЧИ УПРАВЛЕНИЯ:

- Спланируйте, что вы собираетесь делать в компании.
- Организовывать ресурсы, деятельность, материалы, технические и человеческие ресурсы в упорядоченном виде.
- Выполнение плана мероприятий, разработанного компанией.
- Контролировать выполнение плана с целью внесения соответствующих корректировок в производство.

ТИПОВЫЕ МАРКЕТИНГОВЫЕ ЗАДАЧИ:

- Планирование маркетинговых программ, политики и стратегий.
- Разработка и реализация стратегии продвижения и рекламы компании.
- Определить стратегические места и подходящих посредников для сбыта готовой продукции.
- Анализ политики продаж.
- Реагировать на продажи на провинциальном рынке.

ХАРАКТЕРИСТИКИ КЛАССА:

- Он отвечает за финансовое и техническое администрирование при выполнении поставленных задач.

МИНИМАЛЬНЫЕ ТРЕБОВАНИЯ:

- Степень в области коммерческой инженерии.

- Опыт работы не менее 2 лет.

- Курсы по человеческим отношениям, маркетингу, администрированию и компьютерам.

КОД:	
ДЕПАРТАМЕНТ:	Советник.
ДОЛЖНОСТЬ ТИТЛ:	ЮРИДИЧЕСКИЙ СОВЕТНИК
НЕПОСРЕДСТВЕННЫЙ НАЧАЛЬНИК:	Менеджер.
СУБАЛТЕРНЫ:	Подчиненные не назначаются

ХАРАКТЕР РАБОТЫ:

- Консультирование компании по правовым вопросам Функции

ТИПОВЫЕ ЗАДАЧИ:

- Предоставление юридических консультаций компании

- Составление трудовых договоров

- Представление интересов компании в судебных разбирательствах.

- Другие виды деятельности, связанные с их областью работы

ХАРАКТЕРИСТИКИ КЛАССА:

- Должность требует высокой степени знаний, работоспособности и ответственности при осмотрительности в выполнении обязанностей.
- Установить хорошие отношения с общим собранием акционеров компании.

МИНИМАЛЬНЫЕ ТРЕБОВАНИЯ:

- Юрист в области юриспруденции.

- Курсы по предпринимательскому праву.

- Курс "Человеческие отношения".

КОД:	
ДЕПАРТАМЕНТ:	Поддержка.
ДОЛЖНОСТЬ ТИТЛ:	СЕКРЕТАРЬ-БУХГАЛТЕР
НЕПОСРЕДСТВЕННЫЙ НАЧАЛЬНИК:	Менеджер.
СУБАЛТЕРНЫ:	Подчиненные не назначаются

ХАРАКТЕР РАБОТЫ:

- Оказание личной помощи руководителю в решении вопросов, связанных с офисом и клиентами.
- Организация и ведение системы бухгалтерского учета в компании.

ТИПОВЫЕ ЗАДАЧИ:

- Обслуживание клиентов и телефонных звонков
- Составление протоколов, договоров, составление официальных документов, прием всех видов корреспонденции для компании.
- Выставлять счета-фактуры за оказанные клиентам услуги.
- Ведение бухгалтерского учета компании.
- Подготовка декларации в SRI.
- Представлять экономическую и финансовую отчетность компании.
- Получение наличных денег или чеков, являющихся выручкой от сбора средств за оказанные компанией услуги.
- Составление ролей оплаты труда персонала.
- Оформление необходимой документации в IESS.
- Прием уборочного инвентаря.

ХАРАКТЕРИСТИКИ КЛАССА:

- Быть инициативным, обладать инициативой для решения проблем в своей работе, решая их с профессионализмом.

МИНИМАЛЬНЫЕ ТРЕБОВАНИЯ:

- Выпускник по специальности "Бухгалтерский учет и аудит".

- 2 года работы на аналогичных должностях.

- Предметы, связанные с курсом обучения.

КОД:	
ДЕПАРТАМЕНТ:	Производство.
ДОЛЖНОСТЬ ТИТЛ:	РУКОВОДИТЕЛЬ ПРОИЗВОДСТВА.
НЕПОСРЕДСТВЕННЫЙ НАЧАЛЬНИК:	Менеджер.
СУБАЛТЕРНЫ:	Начиная с их уровня и выше, все.

ХАРАКТЕР РАБОТЫ:

- Организует работу по обслуживанию производства и оборудования для штата рабочих, работающих в подведомственном ему отделе.

ТИПОВЫЕ ЗАДАЧИ:

- Выполнять предписания вышестоящего руководства.
- Получение сырья и материалов.
- Управление запасами.
- Организовать работы, которые будут проводиться на заводе.
- Контроль выполнения заданий каждого из подчиненных.
- Осуществлять контроль качества готовой продукции.

ХАРАКТЕРИСТИКИ КЛАССА:

- Чтобы организовать производственную работу в своем отделе, необходимы целеустремленность, инициативность и концентрация.

МИНИМАЛЬНЫЕ ТРЕБОВАНИЯ:

- Ученая степень по специальности "Инженер пищевой промышленности".

- Знание компьютерных и конструкторских программ.

- Курсы по человеческим отношениям.

- Опыт работы не менее 2 лет.

КОД:	
ДЕПАРТАМЕНТ:	Производство.
ДОЛЖНОСТЬ ТИТЛ:	РАБОЧИЕ.
НЕПОСРЕДСТВЕННЫЙ НАЧАЛЬНИК:	Руководитель производства.
СУБАЛТЕРНЫ:	Начиная с их уровня и выше, все.

ХАРАКТЕР РАБОТЫ:

- Аккуратно и бережно обращаться и обслуживать оборудование для обработки сырья.

ТИПОВЫЕ ЗАДАЧИ:

- Выполнять предписания вышестоящего руководства.
- Взвесьте количество обрабатываемого сырья.
- Контролировать производственный процесс.
- Контролировать обслуживание и содержание в исправном состоянии оборудования и техники, находящейся в его ведении.
- Ответственно относиться к эксплуатации оборудования и машин.
- Избегать нерационального использования материалов.

ХАРАКТЕРИСТИКИ КЛАССА:

- Экономическая и техническая ответственность за свой труд, обусловленная характером работы, требующей умения и сноровки.

МИНИМАЛЬНЫЕ ТРЕБОВАНИЯ:

- Степень бакалавра.

- Курс "Человеческие отношения".

- Учебный курс по производственным процессам.

- Опыт работы не менее 1 года.

КОД:	
ДЕПАРТАМЕНТ:	Производство.
ДОЛЖНОСТЬ ТИТЛ:	ВОДИТЕЛЬ - ПРОДАВЕЦ.
НЕПОСРЕДСТВЕННЫЙ НАЧАЛЬНИК:	Руководитель производства.

СУБАЛТЕРНЫ:	Начиная с их уровня и выше, все.

ХАРАКТЕР РАБОТЫ:

- Он отвечает за мобилизацию сырья и готовой продукции.

ТИПОВЫЕ ЗАДАЧИ УПРАВЛЕНИЯ:

- Выполнение заказов на поставку.

- Поставлять продукцию в срок и в хорошем состоянии.

- Выполнять техническое обслуживание автомобиля, находящегося в их ведении.

- Доставка продукции в согласованные места.

- Планирование маркетинговых программ, политики и стратегий.

ХАРАКТЕРИСТИКИ КЛАССА:

- Требуются знания в области маркетинга, дистрибуции и продаж продукции.
- На эту должность требуется профессиональный водитель, обладающий профессиональной подготовкой, ответственный, с хорошим внешним видом, доброжелательный и радушный.

МИНИМАЛЬНЫЕ ТРЕБОВАНИЯ:

- Сертификат профессионального водителя.

- Курс "Человеческие отношения

- Опыт работы не менее 2 лет.

Финансовое исследование.

Инвестиции в рамках проекта представляют собой вид финансовых ресурсов, необходимых для установки и запуска проекта. Инвестиции в проект оценивались по бюджетам, составленным с учетом различных котировок на рынке и в различных национальных торговых домах, импортирующих оборудование и технику.

Проект предусматривает инвестиции в три типа активов:

- Основные средства

- Нематериальные или отложенные активы и,

- Текущие активы или оборотный капитал.

Основные средства.

Включает в себя инвестиции в основной капитал, подлежащие амортизации, и формируется в установке компании.

К таким активам относятся:

Машины и производственное оборудование.

Он представляет собой различные технологические элементы, которые будут использоваться в производственной деятельности, является основополагающим процессом для процесса преобразования, о чем будет сказано ниже:

ФИКСИРОВАННЫЕ АКТИВЫ.

Таблица 43. Машины и оборудование

Описание	Количество	Стоимость единицы продукции	Общая стоимость
Роторная сушилка непрерывного действия	1	3.800,00	3.800,00
Мельница	1	2.700,00	2.700,00
Гидравлический пресс	1	2.600,00	2.600,00
Заправочный бак		600	1.200,00
Насос			800,00
Фильтровальный мешок		110	220,00
Конвейерная лента		200	800,00
Стол для обстрела			800,00
Бункер (для впрыска жидкости)		1.000,00	2.000,00
Элеватор Cangioles	1	800	800,00
Машина для измельчения семян	1	4.600,00	4.600,00
Маслоэкстрактор	1	4.600,00	4.600,00
Оборудование для дистилляции	1	2.200,00	2.200,00
ИТОГО			**27.120,00**

Источник: http://www.dibacco.com.
Подготовлено: Александрой Вега

Поскольку машины и оборудование являются основными средствами, необходимо было начислять амортизацию, как показано ниже:

Таблица 44. Амортизация машин и оборудования

СТОИМОСТЬ АКТИВОВ: 27.120,00
ГОДЫ ПОЛЕЗНОГО ИСПОЛЬЗОВАНИЯ: 10
АМОРТИЗАЦИЯ10% АМОРТИЗАЦИЯ

ГОДЫ	VAL. АКТИВЫ	VAL.RES.	ДЕПРЕССИЯ	ТЕКУЩАЯ СТОИМОСТЬ
0	27.120,00	2.712,00		24.408,00
1	24.408,00		2.440,80	21.967,20
	21.967,20		2.440,80	19.526,40
	19.526,40		2.440,80	17.085,60
	17.085,60		2.440,80	14.644,80
5	14.644,80		2.440,80	12.204,00
	12.204,00		2.440,80	9.763,20
	9.763,20		2.440,80	7.322,40
8	7.322,40		2.440,80	4.881,60
	4.881,60		2.440,80	2.440,80
10	2.440,80		2.440,80	0,00

Источник: La Tablita (Tributaria y Laboral) Год 2016 и Таблица 42
Подготовлено: Александра Вега

Инструменты: они необходимы для обеспечения производственного процесса, в частности, машины и оборудование.

Таблица 45. Инструменты

Деталь	Qty.	Стоимость единицы продукции USD $	Общая стоимость USD $
Пластиковый ящик для инструментов	1	17,23	17,23
Набор отверток 10 Детали	1	24,73	24,73
Набор кубиков 14 шт.	1	44,63	44,63
Набор ключей 12 шт.	1	25,82	25,82
Большие пластиковые ящики			
Электрические весы	1	420	420
Всего			**604,41**

Источник: http://www.dibacco.com.
Подготовлено: Александрой Вега

СТОИМОСТЬ АКТИВА:				
ЛЕТ СРОКА ПОЛЕЗНОГО ИСПОЛЬЗОВАНИЯ:				
ДЕПРЕССИЯ		**604,41** **10 10%**		

ГОДЫ	VAL. АКТИВЫ	VAL.RES.	ДЕПРЕССИЯ	ТЕКУЩАЯ СТОИМОСТЬ
0	604,41	60,44		543,97
1	543,97		54,40	489,57
	489,57		54,40	435,18
	435,18		54,40	380,78
	380,78		54,40	326,38
5	326,38		54,40	271,98
	271,98		54,40	217,59
	217,59		54,40	163,19
8	163,19		54,40	108,79
9	108,79		54,40	54,40
10	54,40		54,40	0,00

Источник: La Tablita (Tributaria y Laboral) Год 2016 и таблица 44.
Подготовлено: Александра Вега

Адаптации и установки: Для функционирования и работы данной компании было необходимо произвести адаптации и установки таким образом, чтобы для процесса производства и продаж были выделены соответствующие площади. Также была проведена амортизация данного актива.

Таблица 47. Арматура и оборудование

Описание	Стоимость
Электрические установки.	1.752,00
Установка и монтаж машин и оборудования.	1.860,00
Разделители пространства.	2.740,00
Покраска административных помещений.	1.980,00
ИТОГО	8.332,00

Источник: Direct Research.
Подготовила: Александра Вега.

Таблица 48. Амортизация основных средств

СТОИМОСТЬ АКТИВА:	**8.332,00**			
ЛЕТ СРОКА ПОЛЕЗНОГО ИСПОЛЬЗОВАНИЯ:	**10**			
ДЕПРЕССИЯ	**10%**			

ГОДЫ	VAL. АКТИВЫ	VAL.RES.	ДЕПРЕССИЯ	ТЕКУЩАЯ СТОИМОСТЬ
0	8.332,00	833,2		7.498,80
1	7.498,80		749,88	6.748,92
	6.748,92		749,88	5.999,04
	5.999,04		749,88	5.249,16
	5.249,16		749,88	4.499,28
5	4.499,28		749,88	3.749,40
	3.749,40		749,88	2.999,52
	2.999,52		749,88	2.249,64
8	2.249,64		749,88	1.499,76
	1.499,76		749,88	749,88
10	749,88		749,88	0,00

Источник: La Tablita (Tributaria y Laboral) Год 2016 и Таблица 47 Подготовила: Александра Вега.

Офисная мебель: речь идет о мебели, закрепленной за различными подразделениями компании. Также подробно описывается амортизация данного основного средства.

Офисная мебель

Описание	Количество	Стоимость единицы продукции	Общая стоимость
Стол.		220,00	660,00
Вращающиеся стулья.		75,00	225,00
Накладная мебель.		120,00	360,00
Полка.		150,00	450,00
Стеллаж (2мх6м).		450,00	1.350,00
Пластиковые стулья.		35,00	420,00
Стол для совещаний.	1	750,00	750,00
ИТОГО			**4.215,00**

Источник: Direct Research.
Подготовила: Александра Вега.

СТОИМОСТЬ АКТИВА: ГОДЫ СРОКА ПОЛЕЗНОГО ИСПОЛЬЗОВАНИЯ: АМОРТИЗАЦИЯ	4.215,00 10 10%

ГОДЫ	VAL. АКТИВЫ	VAL.RES.	ДЕПРЕССИЯ	ТЕКУЩАЯ СТОИМОСТЬ
0	4.215,00	421,5		3.793,50
1	3.793,50		379,35	3.414,15
	3.414,15		379,35	3.034,80
	3.034,80		379,35	2.655,45
	2.655,45		379,35	2.276,10
5	2.276,10		379,35	1.896,75
	1.896,75		379,35	1.517,40
	1.517,40		379,35	1.138,05
8	1.138,05		379,35	758,70
	758,70		379,35	379,35
10	379,35		379,35	0,00

Источник: La Tablita (Tributaria y Laboral) Год 2016 и Таблица 49.

Компьютерное оборудование: будут приобретены 3 настольных компьютера с принтерами и ноутбук для проведения совещаний.

Таблица 51. Компьютерное оборудование

Qty.	Описание	Стоимость U.	Общая стоимость
	Настольные компьютеры DELL.	652,30	1.956,90
	Принтеры.	112,00	448,00
1	Портативный.	750,00	750,00
	ИТОГО		3.154,90

Источник: Compy Centre

Подготовлено: Александрой Вега

СТОИМОСТЬ АКТИВОВ:	3.154,90			
ГОДЫ ПОЛЕЗНОГО ИСПОЛЬЗОВАНИЯ:				
	3			
АМОРТИЗАЦИЯ33	,33%.			

ГОДЫ	VAL. АКТИВЫ	VAL.RES.	ДЕПРЕССИЯ	ТЕКУЩАЯ СТОИМОСТЬ
0	3.154,90	1051,53		2.103,37
1	2.103,37		701,124	1.402,25
	1.402,25		701,124	701,12
	701,12		701,124	0,00

Источник: La Tablita (Tributaria y Laboral) Год 2016 и Таблица 51.

Таблица 53. Прогноз бюджета на компьютерное оборудование

ГОДЫ	Увеличение (инфляция 2016 г.) 1,12%
1	3.154,90
	3.190,23
	3.225,97
	3.262,10
5	3.298,63
	3.335,58
	3.372,93
8	3.410,71
	3.448,91
10	**3.487,54**

Источник: INEC, инфляционный год 2016 и Таблица 52.

СТОИМОСТЬ АКТИВА:	3.262,10			
ГОДЫ СРОКА ПОЛЕЗНОГО ИСПОЛЬЗОВАНИЯ:				
ДЕПРЕССИЯ	33,33%			

ГОДЫ	VAL. АКТИВЫ	VAL. RES.	ДЕПРЕССИЯ	ТЕКУЩАЯ СТОИМОСТЬ
0	3.262,10	1087,26		2.174,84
1	2.174,84		724,947	1.449,89
	1.449,89		724,947	724,95
	724,95		724,947	0,00

Источник: La Tablita (Tributaria y Laboral) Год 2016 и Таблица 53.

Таблица 55. Амортизация 3-го компьютерного оборудования

СТОИМОСТЬ АКТИВА:	3.372,93			
ЛЕТ СРОКА ПОЛЕЗНОГО ИСПОЛЬЗОВАНИЯ: АМОРТИЗАЦИЯ	33,33%			

ГОДЫ	VAL. АКТИВЫ	VAL. RES.	ДЕПРЕССИЯ	ТЕКУЩАЯ СТОИМОСТЬ
0	3.372,93	1124,20		2.248,74
1	2.248,74		749,579	1.499,16
	1.499,16		749,579	749,58
	749,58		749,579	0,00

Источник: La Tablita (Tributaria y Laboral) Год 2016 и Таблица 52.

Таблица 56. Амортизация 4-го компьютерного оборудования

СТОИМОСТЬ АКТИВА:	3.487,54			
ЛЕТ СРОКА ПОЛЕЗНОГО ИСПОЛЬЗОВАНИЯ:				
ДЕПРЕССИЯ	33,33%			

ГОДЫ	VAL. АКТИВЫ	VAL. RES.	ДЕПРЕССИЯ	ТЕКУЩАЯ СТОИМОСТЬ
0	3.487,54	1162,40		2.325,14
1	2.325,14		775,048	1.550,10
	1.550,10		775,048	775,05
	775,05		775,048	0,00

Источник: La Tablita (Tributaria y Laboral) Год 2016 и Таблица 53.

Офисное оборудование: включает в себя различные инструменты, используемые в административной сфере компании. Также подробно описывается соответствующая амортизация.

Офисное оборудование

Qty.	Описание	Стоимость U.	Общая стоимость
	Беспроводной телефон Panasonic.		216
1	Телевидение.	420	420
1	Проектор.	620	620
1	Телефонная станция.	420	420
ИТОГО			**1.676,00**

Источник: Магазины "Артефакто".
Подготовила: Александра Вега.

Таблица 58. Амортизация офисного оборудования

СТОИМОСТЬ АКТИВА:	1.676,00
ЛЕТ СРОКА ПОЛЕЗНОГО ИСПОЛЬЗОВАНИЯ:	10
ДЕПРЕССИЯ	10%

ГОДЫ	VAL. АКТИВЫ	VAL.RES.	ДЕПРЕССИЯ	ТЕКУЩАЯ СТОИМОСТЬ
0	1.676,00	167,6		1.508,40
1	1.508,40		150,84	1.357,56
	1.357,56		150,84	1.206,72
	1.206,72		150,84	1.055,88
	1.055,88		150,84	905,04
5	905,04		150,84	754,20
	754,20		150,84	603,36
	603,36		150,84	452,52
8	452,52		150,84	301,68
9	301,68		150,84	150,84
10	150,84		150,84	O,OO

Источник: La Tablita (Tributaria y Laboral) Год 2016 и Таблица 57 Подготовила: Александра Вега.

ТРАНСПОРТНОЕ СРЕДСТВО.

Для перевозки грузов и продаж рассматривается вопрос о приобретении транспортного средства. Оно подробно описано ниже:

Таблица 59. Транспортное средство

Qty.	Описание	Ценовая единица.	Общая стоимость
1	Новый грузовик Chevrolet.	21.300,00	21.300,00
	ИТОГО		**21.300,00**

Источник: Дилер Chevrolet.
Подготовила: Александра Вега.

Таблица 60. Амортизация транспортных средств

СТОИМОСТЬ АКТИВА:	21.300,00			
ГОДЫ СРОКА ПОЛЕЗНОГО ИСПОЛЬЗОВАНИЯ:	5			
АМОРТИЗАЦИЯ	20%			
ГОДЫ	VAL. АКТИВЫ	VAL.RES.	ДЕПРЕССИЯ	ТЕКУЩАЯ СТОИМОСТЬ
0	21.300,00	4.260,00		17.040,00
1	17.040,00		3.408,00	13.632,00
	13.632,00		3.408,00	10.224,00
	10.224,00		3.408,00	6.816,00
	6.816,00		3.408,00	3.408,00
5	3.408,00		3.408,00	0,00

Источник: La Tablita (Налоги и труд) и Таблица 59 Подготовлено Александрой Вега.

Прогноз бюджета транспортных средств

ГОДЫ	Увеличение (инфляция 2016 года) 1,12%.
1	21.300,00
	21.538,56
	21.779,79

	22.023,73
5	22.270,39
	22.519,82
	22.772,04
8	23.027,09
	23.284,99
10	23.545,78

Источник: Таблица 59
Подготовлено: Александра Вега

Таблица 62. Амортизация второго автомобиля

СТОИМОСТЬ АКТИВА: ГОДЫ СРОКА ПОЛЕЗНОГО ИСПОЛЬЗОВАНИЯ: АМОРТИЗАЦИЯ		22.519,82 5 20%		
ГОДЫ	VAL. АКТИВЫ	VAL.RES.	ДЕПРЕССИЯ	ТЕКУЩАЯ СТОИМОСТЬ
0	22.519,82	4.503,96		18.015,86
1	18.015,86		3.603,17	14.412,68
	13.632,00		3.603,17	10.809,51
	10.224,00		3.603,17	7.206,34
	6.816,00		3.603,17	3.603,17
5	3.408,00		3.603,17	0,00

Источник: Таблица 61
Подготовлено: Александра Вега

Таблица 63. Сводная информация об инвестициях в основные фонды

Активный	Таблица №.	VALUE
Машины и оборудование.	42	27.120,00
Инструменты		604,41
Строительство и монтаж.	46	8.332,00
Мебель.	48	4.215,00
Компьютерное оборудование.	50	3.154,90
Офисное оборудование.	56	1.676,00
Автомобиль.	58	21.300,00

Непредвиденные расходы 5%	
Непредвиденные расходы 5%	
Непредвиденные расходы 5%	
Непредвиденные расходы	3.320,12
ИТОГО	**69.722,43**

Источник: Таблицы 43, 45, 47, 49, 51,57 и 59.
Подготовлено: Александра Вега

Таблица 64. Сводная информация об амортизации

Активный	Годы									
	1			**5**			**8**			**10**
Машины и оборудование.	2.440,80	2.440,80	2.440,80	2.440,80	2.440,80	2.440,80	2.440,80	2.440,80	2.440,80	2.440,80
Инструменты	54,40	54,40	54,40	54,40	54,40	54,40	54,40	54,40	54,40	54,40
Construccionese Удобства.	749,88	749,88	749,88	749,88	749,88	749,88	749,88	749,88	749,88	749,88
Мебель.	379,35	379,35	379,35	379,35	379,35	379,35	379,35	379,35	379,35	379,35
Компьютерное оборудование.	701,12	701,12	701,12	724,95	724,95	724,95	749,58	749,58	749,58	775,05
Офисное оборудование.	150,84	150,84	150,84	150,84	150,84	150,84	150,84	150,84	150,84	150,84
Автомобиль.	3.408,00	3.408,00	3408	3408	3408	3.603,17	3.603,17	3603,171144	3603,171144	3603,17
ИТОГО	**7.885,39**	**7.886,39**	**7.887,39**	**7.912,21**	**7.913,21**	**8.109,38**	**8.135,02**	**8.136,02**	**8.137,02**	**8.163,49**

Источник: Таблицы 44, 46, 48, 50, 52, 54, 55, 56, 58, 60 и 62.
Подготовлено: Александра Вега

Таблица 65. Сводка остаточных значений

Активный	Годы

		5			10
Машины и оборудование.					2.712,00
Инструменты					60,44
Строительство и монтаж.					833,20
Мебель.					421,50
Компьютерное оборудование.	1051,53		1087,26	1124,20	1162,40
Офисное оборудование.					167,6
Автомобиль.		4.260,00			4.503,96
ИТОГО	**1.051,53**	**4.260,00**	**1.087,26**	**1.124,20**	**9.861,10**

Источник: Таблицы 44, 46, 48, 50, 52, 54, 55, 56, 58, 60 и 62.
Подготовлено: Александра Вега

Нематериальные или отложенные активы.

Эти инвестиции осуществляются в активы, созданные для оказания услуг или приобретения прав, необходимых для осуществления проекта, и подлежат амортизации, косвенно влияющей на денежный поток, и включают следующие расходы:

Таблица 66. Инвестиции в отложенные активы

АКТИВНЫЙ	VALUE
Проект технико-экономического обоснования.	600,00
Муниципальная сертификация (Патенты)	180,00
Торговый реестр.	200,00
Адвокат и протоколы.	100,00
Регистрация здоровья.	200,00
Разрешение от пожарной охраны.	126,00
Непредвиденные расходы 5%.	70,30

ИТОГО	1.476,30

Данное исследование рассчитано на десять лет, поэтому амортизация этого актива представлена следующим образом:

Таблица 67. Амортизация отложенных активов

ГОДЫ	VAL.ACT.DIF	АМОРТИЗАЦИЯ	ОБЩАЯ СТОИМОСТЬ
1	1.476,30	147,63	1.328,67
	1.328,67	147,63	1.181,04
	1.181,04	147,63	1.033,41
	1.033,41	147,63	885,78
5	885,78	147,63	738,15
	738,15	147,63	590,52
	590,52	147,63	442,89
8	442,89	147,63	295,26
9	295,26	147,63	147,63
10	147,63	147,63	0,00

Источник: Таблица 66.
Подготовлено: Александрой Вега

Текущие активы или оборотный капитал.

Статья, которая используется для нормального функционирования компании, оборотный капитал, предусмотренный для данного проекта, рассчитан на один месяц. Поэтому перейдем к расчету различных статей расходов.

ПРОИЗВОДСТВЕННЫЕ ЗАТРАТЫ.

Прямые сырьевые материалы.

Производство начинается с отбора нашего основного сырья - сача инчи. Для производства масла сача инчи необходимо масло сача инчи. Стоимость масла составляет 2,50 долл. за фунт.

Каждый мл сача инчи эквивалентен 0,0025 г.

Таблица 68. Прямые сырьевые материалы

Описание	Измерение	Используемая емкость (500 мл.)	Потребность в сырье/Единица 500 мл.	Годовая потребность мл.	Стоимость единицы продукции	Годовая стоимость	Ежемесячная стоимость
Сача Инчи	мл	37.620,00	50	1.881.000,00	$ 0,0025	$ 4.702,50	$ 391,88
ИТОГО						$ 4.702,50	$ 391,88

Источник: Прямое исследование. Подготовила: Александра Вега.

Таблица 69. Прогноз прямых поставок сырья

ГОДЫ	Увеличение (инфляция 2016 г.)
	1,12%
1	4.702,50
	4.755,17
	4.808,43
	4.862,28
5	4.916,74
	4.971,81
	5.027,49
8	5.083,80
	5.140,74
10	5.198,31

Источник: Таблицы 68
Подготовлено: Александра Вега

КОСВЕННЫЕ МАТЕРИАЛЫ.

Для определения материальных затрат на упаковку необходимо установить количество единиц продукции в бутылках объемом 500 мл, которое планируется реализовать на рынке, установленное по результатам маркетингового исследования.

Таблица 70. Косвенные материалы

Описание	Цена за единицу	Годовая сумма	Годовая стоимость	Ежемесячная стоимость
Контейнеры объемом 500 мл	0,14	37.620,00	5.266,80	438,90
Клейкие этикетки	0,02	37.620,00	752,4	62,70
Обложки	0,01	37.620,00	376,2	31,35
ИТОГО			6.395,40	532,95

Источник: Прямое исследование
Подготовлено: Александра Вега

Таблица 71. Прогноз косвенных материалов

ГОДЫ	Увеличение (инфляция 2016 года) 1,12%.
1	6.395,40
	6.467,03
	6.539,46
	6.612,70
5	6.686,76
	6.761,66
	6.837,39
8	6.913,96
	6.991,40
10	7.069,70

Источник: Прямое исследование
Подготовлено: Александра Вега

Прямая рабочая сила: Для данного проекта прямой рабочей силой будут два рабочих, которые будут заниматься производством нефти.

сача инчи. Они будут получать базовую зарплату в размере 366,00 долл. плюс льготы, предусмотренные законом, а начиная со второго года работы дополнительно будут выплачиваться средства из резервного фонда.

Таблица 72. Бюджет прямых трудозатрат

ДЕНОМИНАЦИЯ	VALUES
Единая базовая заработная плата	375,00
Тринадцатый	31,24
Четырнадцатый	31,24
Праздники	15,63
Взнос работодателя IESS 12,15%.	45,56
Всего	**480,26**
Количество сотрудников Оперативная	2,00
Итого в месяц	997,35
Всего в год	**11.968,20**

Таблица 73. Прогноз прямых трудозатрат

ГОДЫ	Увеличение (инфляция 2016 г.)
	1,12%
1	11.967,90
	12101,94
	12237,48
	12374,54
5	12513,14
	12653,28
	12795,00
8	12938,30
9	13083,21
10	13229,75

Косвенная рабочая сила: В рамках данного проекта косвенной рабочей силой будут являться менеджер по производству, который будет контролировать производственный процесс, и водитель-продавец, который будет заниматься распределением и продажей масла сача инчи.

Таблица 74. Бюджет косвенных трудозатрат

ДЕНОМИНАЦИЯ	VALUES
Единая базовая заработная плата	375,00
Тринадцатый	31,24
Четырнадцатый	31,24
Праздники	15,63
Взнос работодателя IESS 12,15%.	45,56
Всего	**498,66**
Количество сотрудников Оперативная	1,00

Итого в месяц	498,66
Всего в год	**5.983,95**

Источник: Прямое исследование
Подготовлено: Александра Вега

Таблица 75. Прогнозы косвенной рабочей силы

ГОДЫ	Увеличение (инфляция 2016 г.)
	1,12%
1	5983,95
	6050,97
	6118,74
	6187,27
5	6256,57
	6326,64
	6397,50
8	6469,15
	6541,61
10	6614,87

Источник: Таблица 74
Подготовлено: Александра Вега

Таблица 76. Сводка производственных затрат

Назначение	Ежемесячная стоимость	Годовая стоимость
Прямые сырьевые материалы	1.650	4.702,50
Косвенные материалы	532,95	6.395,40
Прямой труд	498,66	11.967,90
Косвенный труд	498,66	5.983,95
ИТОГО	**3.180,28**	**29.049,75**

Источник: Таблицы 68, 70, 72 и 74
Подготовлено: Александра Вега

АДМИНИСТРАТИВНЫЕ РАСХОДЫ

Канцелярские принадлежности: По оценкам, речь идет об офисных принадлежностях, наиболее необходимых для выполнения повседневной работы.

Бюджет на офисные принадлежности

ДЕНОМИНАЦИЯ	КВАНТ.	СТОИМОСТЬ ЕДИНИЦЫ	ОБЩАЯ СТОИМОСТЬ
Пачка бумаги формата legal		3,5	7,00
Синие, черные биконические шары		0,35	1,40
Корректор Bic	1	1,6	1,60
Карандаши	1	0,4	0,40
Коробка со скрепками		1,5	3,00
Папки-скоросшиватели			4,00
ИТОГО В МЕСЯЦ			**17,40**
ИТОГО В ГОД			**208,8**

Источник: Книжный магазин Don Morona
Подготовлено: Александра Вега

Таблица 78. Прогноз расходов на канцелярские товары

ГОДЫ	Увеличение (инфляция 2016 г.)
	1,12%
1	208,8
	211,14
	213,50
	215,89
5	218,31
	220,76
	223,23
8	225,73
9	228,26

10	230,82

Источник: Таблица 77
Подготовлено: Александра Вега

Уборочные материалы: Все перечисленные ниже материалы считались основными для поддержания чистоты в помещениях.

Таблица 79. Бюджет на чистящие материалы

ДЕНОМИНАЦИЯ	КВАНТ.	СТОИМОСТЬ ЕДИНИЦЫ	ОБЩАЯ СТОИМОСТЬ
Метла		2,5	7,50
Швабра		2,8	8,40
Коллектор Мусор		3,85	7,70
Чистящие салфетки		1	20,00
Ковши	5	4,25	21,25
		ИТОГО	64,85

Источник: Оборудование Amazon
Подготовлено: Александра Вега

ГОДЫ	Увеличение (инфляция 2016 г.)
	1,12%
1	64,85
	65,58
	66,31
	67,05
5	67,80
	68,56
	69,33
8	70,11
	70,89
10	71,69

Источник: Таблица 79
Подготовлено: Александра Вега

Заработная плата администраторов: считается зарплата руководителя, секретаря-бухгалтера и опекуна, плюс льготы по закону, второй год резервные фонды аннулируются.

Таблица 81. Бюджет на административную заработную плату

ITEMS	МЕНЕДЖЕР	СЕКРЕТАР ИАТ	ПОДРОБНЕ Е
Единая базовая заработная плата	400,00	375,00	375, 00
Тринадцатый	33, 32	31,24	31, 24
Четырнадцатый	26, 20	31,24	31, 24
Праздники	16, 68	15,63	15, 63
Взнос работодателя IESS 12,15%.	48, 60	45,56	45, 56
Итого в месяц	524,80	498,68	498, 68
Всего в год	6297,60	5.984,10	5.984,10
Общая годовая сумма к оплате			**18.265,80**

Источник: Прямое исследование

Подготовлено: Александрой Вега

Таблица 82. Прогноз заработной платы административных работников

ГОДЫ	Увеличение (инфляция 2016 г.)
	1,12%
1	18.350,78
	18.556,31
	18.764,14
	18.974,30
5	19.186,81
	19.401,70
	19.619,00
8	19.838,73
	20.060,93
10	20.285,61

Источник: Таблица 81
Подготовлено: Александра Вега

Водопотребление: Компания будет использовать воду для купания, уборки помещений и очистки сырья. Стоимость канализации была получена путем принятия 50% от объема потребляемой воды, так как она включена в счет за воду.

Таблица 83. Бюджет водопотребления

Назначение	Кол-во. м³	Val. Унитарный	Вал. Ежемесячно	Вал. Ежегодно
Потребление		0,3	186	21
Канализация			17,50	21
ИТОГО			35,56	42

Источник: GAD de Limón Indanza
Подготовлено: Александрой Вега

Таблица 84. Прогнозы водопотребления

ГОДЫ	Увеличение (инфляция 2016 г.) 1,12%
1	$ 426,00
	$ 430,77
	$ 435,60
	$ 440,47
5	$ 445,41
	$ 450,40
	$ 455,44
8	$ 460,54
	$ 465,70
10	$ 470,92

Источник: Таблица 83
Подготовлено: Александрой Вега

Общее потребление воды будет распределено: 2% - на административные расходы и 98% - на производственные, поэтому значения потребления будут следующими:

Таблица 85. Распределение водопотребления

ГОДЫ	Общая стоимость потребления		Административные расходы			Производственные расходы		
	100%					98%		
	Всего		Ежегодно		Ежемесячно	Ежегодно		Ежемесячно
1	$	426,00	$	8,52	$ 0,71	$	417,48	$ 34,79
	$	430,77	$	8,62	$ 0,72	$	422,16	$ 35,18
	$	435,60	$	8,71	$ 0,73	$	426,88	$ 35,57
	$	440,47	$	8,81	$ 0,73	$	431,67	$ 35,97
5	$	445,41	$	8,91	$ 0,74	$	436,50	$ 36,37
	$	450,40	$	9,01	$ 0,75	$	441,39	$ 36,78
	$	455,44	$	9,11	$ 0,76	$	446,33	$ 37,19
8	$	460,54	$	9,21	$ 0,77	$	451,33	$ 37,61
	$	465,70	$	9,31	$ 0,78	$	456,39	$ 38,03
10	$	470,92	$	9,42	$ 0,78	$	461,50	$ 38,46

Источник: Таблица 84

Подготовлено: Александрой Вега

Потребление электроэнергии: В результате профессиональной консультации с инженером-электриком было определено, что данная компания будет потреблять около 45 кВт/ч в день. Ниже приводится подробная разбивка:

Таблица 86. Бюджет потребления электрической энергии

ДЕНОМИНАЦИЯ	Кол-во (кВт/ч)	Ежедневная цена	Суточная ценность	Ежемесячная стоимость	Годовая стоимость
Электроэнергия	45	0,06	2,7	81,00	972,00
Взнос на содержание пожарных	9	0,10 9	0,10 9	3,2 7	39,24

		0,01	0,01	0,5	
Вывоз мусора	7	7	1		6,12
Маркетинговая ценность	7	0,04 7	0,04 1	1,4	16,92
Уличное освещение		0,0163	0,0163 9	0,4	5,87
ИТОГО			5,39	86,68	1040,15

Источник: Электроэнергетическая компания
Подготовлено: Александрой Вега

Таблица 87. Прогноз потребления электроэнергии

ГОДЫ	Увеличение (инфляция 2016 г.)
	1,12%
1	1.040,15
	1.051,80
	1.063,58
	1.075,49
5	1.087,54
	1.099,72
	1.112,03
8	1.124,49
9	1.137,08
10	1.149,82

Источник: Таблица 86
Подготовлено: Александрой Вега

Общее потребление электроэнергии будет распределено: 2% - на административные расходы и 98% - на производственные, поэтому значения потребления будут следующими:

Таблица 88. Распределение потребления электроэнергии

ГОДЫ	Общая стоимость потребления	Административные расходы		Производственные расходы	
	100%			**98%**	
	Всего	**Ежегодно**	**Ежемесячно**	**Ежегодно**	**Ежемесячно**

					1,7 3				
1	$	1.040,15	$	20,80	$		$	1.019,35	$	84,95
	$	1.051,80	$	21,04	$	1,7 5	$	1.030,76	$	85,90
	$	1.063,58	$	21,27	$	1,7 7	$	1.042,31	$	86,86
	$	1.075,49	$	21,51	$	1,7 9	$	1.053,98	$	87,83
5	$	1.087,54	$	21,75	$	1,8 1	$	1.065,78	$	88,82
	$	1.099,72	$	21,99	$	1,8 3	$	1.077,72	$	89,81
	$	1.112,03	$	22,24	$	1,8 5	$	1.089,79	$	90,82
8	$	1.124,49	$	22,49	$	1,8 7	$	1.102,00	$	91,83
	$	1.137,08	$	22,74	$	1,9 0	$	1.114,34	$	92,86
10	$	1.149,82	$	23,00	$	1,9 2	$	1.126,82	$	93,90

Источник: Таблица 87
Подготовлено: Александрой Вега

Потребление телефонной связи: Считалось, что потребление составит примерно 700 минут в месяц, что при умножении на 12 месяцев составит 12 000 минут в год, эта сумма была взята с учетом потребления в других коммерческих помещениях.

Таблица 89. Бюджет на потребление телефонной связи

название	КОЛ-ВО. Минуты	Вал. Унитарный	Вал. Ежемесячно	Вал. Ежегодно
Телефония	700,00	0,03	21,00	252,00

Источник: ЦНТ
Подготовлено: Александрой Вега

Таблица 90. Прогноз потребления телефонов

ГОДЫ	Увеличение (инфляция 2016 г.)
	1,12%
1	252,00
	254,82
	257,68
	260,56
5	263,48
	266,43
	269,42

8	272,43
	275,48
10	278,57

Источник: Таблица 89
Подготовлено: Александрой Вега

Таблица 91. Сводка административных расходов

Назначение	Ежемесячная стоимость	Годовая стоимость
Офисные принадлежности	17,40	208,80
Чистящие материалы	5,40	64,85
Административная заработная плата	1.529,23	18.350,78
Питьевая вода	35,50	426,00
Электроэнергия	86,68	1.040,15
Телефон	21,00	252,00
ИТОГО	**1.695,21**	**20.342,58**

Источник: Таблицы 77, 79, 81, 83, 86 и 89.
Подготовлено: Александрой Вега

РАСХОДЫ НА ПРОДАЖУ

Реклама - Рассматриваются рекламные ролики на радио и

реклама в прессе сроком на 6 и 4 месяца соответственно.

Таблица 92. Рекламный бюджет

Назначение	Погода	Вал. Ежемесячно	Вал. Ежегодно
Радиореклама	6 месяцев	50	
Сообщение для прессы	4 месяца	45	
ИТОГО		**95**	

Источник: Полевые исследования Подготовила: Александра Вега

Таблица 93. Рекламный прогноз

ГОДЫ	Увеличение (инфляция 2016 г.)

	1,12%
1	480,00
	485,38
	490,81
	496,31
5	501,87
	507,49
	513,17
8	518,92
	524,73
10	530,61

Источник: Таблица 92
Подготовлено: Александрой Вега

Топливо и смазочные материалы - Для маркетинга, который будет осуществляться в выходные дни, средние затраты на дизельное топливо составляют 120 долл. Для смазочных материалов расходы на обслуживание оцениваются в 15 долл. Подробности следующие:

Таблица 94. Бюджет горюче-смазочных материалов

Назначение	Ежемесячная стоимость	Годовая стоимость
Дизельное топливо	120,00	1.440,00
Смазочные материалы	15,00	
ИТОГО	**135,00**	**1.620,00**

Источник: Прямое исследование Подготовила: Александра Вега

Таблица 95. Прогноз по горюче-смазочным материалам

ГОДЫ	Увеличение (инфляция 2016 г.)
	1,12%
1	1.620,00
	1.638,14
	1.656,49
	1.675,04
5	1.693,80
	1.712,78
	1.731,96
8	1.751,36
	1.770,97
10	1.790,81

Источник: Таблица 94
Подготовлено: Александрой Вега

Таблица 96. Сводная информация о коммерческих расходах

Назначение	Ежемесячная стоимость	Годовая стоимость
Реклама	154,00	462,00
Топливо и смазочные материалы	135,00	1.620,00
ИТОГО	**289,00**	**2.082,00**

Источник: Таблицы 92 и 94
Подготовлено: Александрой Вега

Общая сумма оборотных активов за один год работы представлена ниже:

Таблица 97. Сводная информация о бюджете оборотных средств

Оборотные активы	Таблица №.	Вал. Ежемесячно	Вал. Ежегодно
ПРОИЗВОДСТВЕННЫЕ ЗАТРАТЫ			
Сырье и материалы	75	$ 1.650,00	$ 4.702,50
Косвенные материалы	75	$ 532,95	$ 6.395,40
Прямой труд	75	$ 498,66	$11.967,90
Косвенный труд	75	$ 498,66	$ 5.983,95
Питьевая вода	75	$34, 79	$417 ,48
Электроэнергия	75	$84 ,95	$ 1.019,35
ОБЩИЕ ПРОИЗВОДСТВЕННЫЕ ЗАТРАТЫ		**$ 1.650,01**	**$30.486,58**
АДМИНИСТРАТИВНЫЕ РАСХОДЫ			
Офисные принадлежности	90	$17 ,40	$208, 80
Чистящие материалы	90	$5 ,40	$64, 85
Административная заработная плата	90	$ 1.529,23	$18.350,78
Питьевая вода	90	$0 ,71	$8 ,52
Электроэнергия	90	$1,73	$20 ,80
Телефон	90	$21 ,00	$252 ,00
ОБЩИЕ РАСХОДЫ НА АДМИНИСТРАЦИЯ		**$ 1.575,48**	**$18.905,75**

КОММЕРЧЕСКИЕ РАСХОДЫ			
Реклама	95	$95 ,00	$480 ,00
Топливо и смазочные материалы	95	$ 135,00	$ 1.620,00
ОБЩАЯ СЕБЕСТОИМОСТЬ ПРОДАЖ		**$ 230,00**	**$ 2.100,00**
Непредвиденные расходы 5% Непредвиденные расходы 5% Непредвиденные расходы 5% Непредвиденные расходы		$ 172,77	$ 2.574,62
ИТОГО		**$ 3.628,26**	**$54.066,94**

Источник: Таблицы 76, 91 и 96

Подготовлено: Александрой Вега

Для начала торговли вам потребуется следующая сумма на первый месяц:

Сводка общих планируемых инвестиций

ITEM	СУММА	
ФИКСИРОВАННЫЕ АКТИВЫ		
Машины и оборудование	27.120,00	
Инструменты	604,41	
Адаптация и оборудование	8.332,00	
Офисная мебель	4.215,00	93,18%
Компьютерное оборудование	3.154,90	
Офисное оборудование Автомобиль	1.676,00 21.300,00	
Непредвиденные расходы 5% Непредвиденные расходы 5% Непредвиденные расходы 5% Непредвиденные расходы	3.320,12	
ВСЕГО ОСНОВНЫХ СРЕДСТВ	**69.722,43**	
ОТЛОЖЕННЫЕ АКТИВЫ		

Проект технико-экономического обоснования	600,00	
Муниципальная сертификация (патенты)	180,00	
Торговый реестр	200,00	
Адвокат и протоколы	100,00	1,97%
Медицинская регистрация	200,00	
Разрешение пожарной охраны	126,00	
Непредвиденные расходы 5%		
Непредвиденные расходы 5%		
Непредвиденные расходы 5%		
Непредвиденные расходы	70,30	
ИТОГО ОТЛОЖЕННЫЕ АКТИВЫ	**1.476,30**	
ТЕКУЩИЕ АКТИВЫ		
Производственные затраты	1.650,01	
Административные расходы	1.575,48	
Себестоимость продаж	230,00	4,85%
Непредвиденные расходы 5%		
Непредвиденные расходы 5%		
Непредвиденные расходы 5%		
Непредвиденные расходы	172,77	
ОБЩИЕ АКТИВЫ ЦИРКУЛЯНТЫ	**3.628,26**	
ОБЩАЯ СУММА ИНВЕСТИЦИЙ	**74.826,99**	**100%**

Источник: Таблицы 63, 66 и 97

Подготовлено: Александрой Вега

ФОНДИНГ

Для финансирования суммы инвестиций будут использованы внутренние и внешние источники финансирования по следующим направлениям:

Таблица 99. Источники финансирования

ФОНДИНГ	VALUE	ПЕРЦЕНТАЖ
Кредит	35.699,96	47,71%

Социальный капитал	39.127,03	52,29%
ИТОГО	**74.826,99**	**100%**

Источник: Таблица 98
Подготовлено: Александрой Вега
Внешние источники

47,71% от общей суммы инвестиций, составляющей 35 699,96 долл. США, будет профинансировано за счет кредита, который проект будет обслуживать в банке Banco del Estado.
Внешние источники

Она составит 52,29% от общей суммы инвестиций и соответствует 39 699,96 долл.

Таблица 100. Таблица амортизации

КАПИТАЛ:			
СТАВКА:	12,00 %	годовой (Banco del Estado)	
КРАЙНИЙ СРОК:		Месяцы	
=			**$ 39.480,43**

СУММА:	35.699,96	МЕСЯЦ БЛАГОДАТИ:	0	
ПРОЦЕНТНАЯ СТАВКА:	12,00%			
КРАЙНИЙ СРОК:			HOME	2/1/2017
НОРМА АМОРТИЗАЦИИ	ФРАНЦИЯ		FIN	02/01/2019
ЦИТАТА:	ЕЖЕМЕСЯЧНО		СПОСОБ ОПЛАТЫ:	ЕЖЕМЕСЯЧНО
СТРАХОВАНИЕ ДЕЗСРЕДСТВ.	0,035%			

Div.	FEC.PAG	БАЛАНС КАП.	КАПИТАЛ	ИНТЕРЕС	ДЕГРАВ.	QUOTA
ИТОГО ГОД 1			16.785,56	3.380,69	118,32	20.284,58
1	02/02/2016	35.699,96	1.323,52	357,00	12,49	1.693,02
	02/03/2016	34.376,44	1.336,76	343,76	12,03	1.692,55
	02/04/2016	33.039,68	1.350,12	330,40	11,56	1.692,08
	02/05/2016	31.689,55	1.363,63	316,90	11,09	1.691,61
5	02/06/2016	30.325,93	1.377,26	303,26	10,61	1.691,14
	02/07/2016	28.948,67	1.391,03	289,49	10,13	1.690,65
	02/08/2016	27.557,63	1.404,94	275,58	9,65	1.690,17
8	02/09/2016	26.152,69	1.418,99	261,53	9,15	1.689,67
9	02/10/2016	24.733,69	1.433,18	247,34	8,66	1.689,18
10	02/11/2016	23.300,51	1.447,52	233,01	8,16	1.688,68
	02/12/2016	21.853,00	1.461,99	218,53	7,65	1.688,17
	02/01/2017	20.391,00	1.476,61	203,91	7,14	1.687,66
ИТОГО ГОД 2			¡ 18.914,39	1.251,86	43,82	20.210,07

	02/02/2017	18.914,39	1.491,38	189,14	6,62	1.687,14
	02/03/2017	17.423,02	1.506,29	174,23	6,10	1.686,62
	02/04/2017	15.916,73	1.521,35	159,17	5,57	1.686,09
	02/05/2017	14.395,37	1.536,57	143,95	5,04	1.685,56
	02/06/2017	12.858,80	1.551,93	128,59	4,50	1.685,02
	02/07/2017	11.306,87	1.567,45	113,07	3,96	1.684,48
	02/08/2017	9.739,42	1.583,13	97,39	3,41	1.683,93
	02/09/2017	8.156,29	1.598,96	81,56	2,85	1.683,38
21	02/10/2017	6.557,33	1.614,95	65,57	2,30	1.682,82
	02/11/2017	4.942,39	1.631,10	49,42	1,73	1.682,25
23	02/12/2017	3.311,29	1.647,41	33,11	1,16	1.681,68
	02/01/2018	1.663,88	1.663,88	16,64	0,58	1.681,10
ВСЕГО 2 ГОДА			35.699,96	4.632,55	162,14	40.494,64

Источник: Государственный банк
Подготовлено: Александрой Вега

Таблица 101. Операционный бюджет с годовым прогнозом

ПРЕДЕЛЬНАЯ СТОИМОСТЬ	ГОД 1	ГОД 2	ГОД 3	ГОД 4	ГОД 5	ГОД 6	ГОД 7	ГОД 8	ГОД 9	10 годов
Прямое сырье	4.702,50	4.755,17	4.808,43	4.862,28	4.916,74	4.971,81	5.027,49	5.083,80	5.140,74	5.198,31
Прямой труд	11.967,90	12.101,94	12.237,48	12.374,54	12.513,14	12.653,28	12.795,00	12.938,30	13.083,21	13.229,75
Косвенный труд	5.983,95	6.050,97	6.118,74	6.187,27	6.256,57	6.326,64	6.397,50	6.469,15	6.541,61	6.614,87
ОБЩАЯ СЕБЕСТОИМОСТЬ	22.654,35	22.908,08	23.164,65	23.424,09	23.686,44	23.951,73	24.219,99	24.491,25	24.765,56	25.042,93
НЕПРЕРЫВНЫЕ ЗАТРАТЫ										
Амортизация машин и оборудования	2.440,80	2.440,80	2.440,80	2.440,80	2.440,80	2.440,80	2.440,80	2.440,80	2.440,80	2.440,80
Амортизация инструментов	54,40	54,40	54,40	54,40	54,40	54,40	54,40	54,40	54,40	54,40
Косвенные материалы	6.395,40	6.467,03	6.539,46	6.612,70	6.686,76	6.761,66	6.837,39	6.913,96	6.991,40	7.069,70
Амортизация объектов	749,88	749,88	749,88	749,88	749,88	749,88	749,88	749,88	749,88	749,88
Электроэнергия	1.019,35	1.030,76	1.042,31	1.053,98	1.065,78	1.077,72	1.089,79	1.102,00	1.114,34	1.126,82
Питьевая вода	417,48	422,16	426,88	431,67	436,50	441,39	446,33	451,33	456,39	461,50
Амортизация отложенных активов	147,63	147,63	147,63	147,63	147,63	147,63	147,63	147,63	147,63	147,63
ОБЩИЕ КОСВЕННЫЕ РАСХОДЫ	11.224,93	11.312,65	11.401,36	11.491,05	11.581,75	11.673,47	11.766,22	11.860,00	11.954,83	12.050,73
ОПЕРАЦИОННЫЕ РАСХОДЫ										
АДМИНИСТРАТИВНЫЙ										
Административная заработная плата	18.350,78	18.556,31	18.764,14	18.974,30	19.186,81	19.401,70	19.619,00	19.838,73	20.060,93	20.285,61
Мебель и оборудование Амортизация	379,35	379,35	379,35	379,35	379,35	379,35	379,35	379,35	379,35	379,35
Амортизация вычислительного оборудования	701,12	701,12	701,12	724,95	724,95	724,95	749,58	749,58	749,58	775,05

Амортизация транспортных средств	3.408,00	3.408,00	3.408,00	3.408,00	3.408,00	3.603,17	3.603,17	3.603,17	3.603,17	3.603,17
Электроэнергия	20,80	21,04	21,27	21,51	21,75	21,99	22,24	22,49	22,74	23,00
Питьевая вода	8,52	8,62	8,71	8,81	8,91	9,01	9,11	9,21	9,31	9,42
Офисные принадлежности	208,80	211,14	213,50	215,89	218,31	220,76	223,23	225,73	228,26	230,82
Чистящие материалы	64,85	65,58	66,31	67,05	67,80	68,56	69,33	70,11	70,89	71,69
Телефонное потребление	252,00	254,82	257,68	260,56	263,48	266,43	269,42	272,43	275,48	278,57
ОБЩИЕ АДМИНИСТРАТИВНЫЕ РАСХОДЫ	23.394,23	23.605,97	23.820,09	24.060,42	24.279,36	24.695,93	24.944,43	25.170,81	25.399,72	25.656,67
ПРОДАЖИ										
Реклама и Пропаганда	480,00	485,38	490,81	496,31	501,87	507,49	513,17	518,92	524,73	530,61
Горюче-смазочные материалы	1.620,00	1.638,14	1.656,49	1.675,04	1.693,80	1.712,78	1.731,96	1.751,36	1.770,97	1.790,81
ОБЩИЕ КОММЕРЧЕСКИЕ РАСХОДЫ	2.100,00	2.123,52	2.147,30	2.171,35	2.195,67	2.220,26	2.245,13	2.270,28	2.295,70	2.321,42
ФИНАНСЫ										
Проценты по кредиту	3.380,69	1.251,86								
Desgravamen Seguro	118,32	43,82								
ОБЩИЕ ФИНАНСОВЫЕ РАСХОДЫ	3.499,01	1.295,67	-	-	-	-	-	-	-	-
ОБЩАЯ СТОИМОСТЬ ПРОДУКЦИИ	62.872,52	61.245,90	60.533,40	61.146,92	61.743,23	62.541,39	63.175,77	63.792,34	64.415,81	65.071,74

Источник: Таблицы 64, 67, 69,71,73, 75, 78, 80, 82, 84, 87, 90, 93, 95 и 100.

Структура затрат и формирование доходов проекта

Для того чтобы установить рентабельность проекта и провести финансовый анализ, необходимо определить себестоимость продукции, и для ее расчета мы рассматриваем следующие элементы:

- Себестоимость продукции: основные затраты, косвенные производственные расходы.
- Операционные расходы: административные расходы, коммерческие расходы, финансовые расходы.

Структура затрат по данному проекту основывается на числовых данных, полученных в таблице выше.

Таблица 102. Общие затраты для первого года

ЗАТРАТЫ НА ПРОДУКЦИЯ	
Основные затраты	27.392,30
Косвенные производственные затраты	55.601,50
ОБЩИЕ ПРОИЗВОДСТВЕННЫЕ ЗАТРАТЫ	**82.993,80**
ОПЕРАЦИОННЫЕ РАСХОДЫ	
Административные расходы	22.518,84
Себестоимость продаж	462,00
Финансовые расходы	3.859,55
ОБЩИЕ ЭКСПЛУАТАЦИОННЫЕ РАСХОДЫ	**26.840,39**
ОБЩИЕ РАСХОДЫ	**109.834,19**
Источник: Таблица	
Подготовлено: Александрой Вега	

Источник: Таблица 101
Подготовлено: Александрой Вега

Себестоимость единицы продукции - это соотношение между общими затратами и количеством единиц продукции, произведенной за период. Мы применяем следующую формулу:

Цена реализации определяется с учетом цены единицы продукции или производства плюс норма прибыли в размере 50%.

После того как известны себестоимость единицы продукции и цена реализации, прогнозируется выручка на 10 лет реализации проекта.

$$CUP = \frac{Costo\ Total}{N^{\circ}\ Unidades\ Producidas}$$

Бюджет по доходам

ОПИСАНИЕ / ГОДЫ	ГОД 1	ГОД 2	ГОД 3	ГОД 4	ГОД 5	ГОД 6	ГОД 7	ГОД 8	ГОД 9	10 ГОДОВ
Единицы	37.620,00	37.620,00	37.620,00	37.620,00	37.620,00	37.620,00	37.620,00	37.620,00	37.620,00	37.620,00
Общая стоимость	62.872,52	61.245,90	60.533,40	61.146,92	61.743,23	62.541,39	63.175,77	63.792,34	64.415,81	65.071,74
Стоимость единицы продукции	1,67	1,63	1,61	1,63	1,64	1,66	1,68	1,70	1,71	1,73
Маржа прибыли	48%	55%	60%	61%	63%	64%	65%	66%	67%	68%
Коммунальное хозяйство	0,80	0,90	0,97	0,99	1,03	1,06	1,09	1,12	1,15	1,18
P.V.P.	2,47	2,52	2,57	2,62	2,68	2,73	2,77	2,81	2,86	2,91
ОБЩИЙ ДОХОД	93.051,33	94.931,14	96.853,43	98.446,55	100.641,47	102.567,88	104.240,01	105.895,28	107.574,41	109.320,53

Источник: Таблицы 32 и 101
Подготовлено: Александрой Вега

Отчет о прибылях и убытках

Бухгалтерский документ, отражающий результаты, полученные за финансовый период, будь то прибыль или убыток, путем сопоставления статей доходов и расходов, понесенных за период.

Это один из основных видов финансовой отчетности, предназначенный для отражения обобщенных данных о доходах и расходах за финансовый год с классификацией их по основным операциям предприятия, что позволяет показать прибыли или убытки, понесенные в результате проведенных операций.

Отчет о прибылях и убытках

ОПИСАНИЕ	ГОД 1	ГОД 2	ГОД 3	ГОД 4	ГОД 5	ГОД 6	ГОД 7	ГОД 8	ГОД 9	10 ГОДОВ
Выручка от реализации	93.051,33	94.931,14	96.853,43	98.446,55	100.641,47	102.567,88	104.240,01	105.895,28	107.574,41	109.320,53
- Общая стоимость	62.872,52	61.245,90	60.533,40	61.146,92	61.743,23	62.541,39	63.175,77	63.792,34	64.415,81	65.071,74
= Валовая прибыль от продаж	30.178,81	33.685,24	36.320,04	37.299,62	38.898,24	40.026,49	41.064,25	42.102,94	43.158,59	44.248,78
- 15% Прибыль работникам	4.526,82	5.052,79	5.448,01	5.594,94	5.834,74	6.003,97	6.159,64	6.315,44	6.473,79	6.637,32
= Прибыль до уплаты налога на прибыль	25.651,99	28.632,46	30.872,03	31.704,68	33.063,50	34.022,52	34.904,61	35.787,50	36.684,81	37.611,47
- 22% Подоходный налог	5.643,44	6.299,14	6.791,85	6.975,03	7.273,97	7.484,95	7.679,01	7.873,25	8.070,66	8.274,52
= Чистая прибыль	20.008,55	22.333,32	24.080,19	24.729,65	25.789,53	26.537,56	27.225,60	27.914,25	28.614,15	29.336,94

Источник: Таблицы 103
Подготовлено: Александрой Вега

ТОЧКА БЕЗУБЫТОЧНОСТИ

ОПРЕДЕЛЕНИЕ ТОЧКИ БЕЗУБЫТОЧНОСТИ (ГОД 1)

Переменные затраты30   486,58

Постоянные расходы -   32.385,95
Общие затраты62   .872,52

Всего продаж93   051,33

Единицы37   620

ТОЧКА БЕЗУБЫТОЧНОСТИ

EN FUNCIÓN DE CAPACIDAD INSTALADA
PE=(CFT/(VT-CVT))*100

PE=   51,76 %

Entonces   19.474   unid. en PE

EN FUNCIÓN DE LAS VENTAS
PE=(CFT/1-(CVT/VT)

PE=   48.166,98 $ ventas

АНАЛИЗ: На основании полученных результатов можно утверждать, что точка безубыточности в первый год будет достигнута, когда объем продаж составит 48 166,98 долл. при 51,76% установленной мощности компании и 19 474 единицах проданной продукции за год. Эти результаты будут представлены на графиках ниже, что свидетельствует о том, что данная компания действительно будет получать прибыль.

График 29. Точка безубыточности Год 160

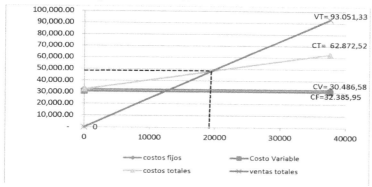

Подготовлено: Александра Вега

ОПРЕДЕЛЕНИЕ ТОЧКИ БЕЗУБЫТОЧНОСТИ (ГОД 160)

Переменные затраты	31.875,49
Постоянные затраты	29.867,74
Общие затраты	61.743,23
Общий объем продаж	100.641,47
Единицы	37.620

ТОЧКА БЕЗУБЫТОЧНОСТИ

EN FUNCIÓN DE CAPACIDAD INSTALADA
PE=(CFT/(VT-CVT))*100

PE=   43,43 %

Entonces   16.340   unids en PE

EN FUNCIÓN DE LAS VENTAS
PE=(CFT/1-(CVT/VT)

PE=   43.712,51 $ ventas

АНАЛИЗ: На основании полученных результатов можно сказать, что точка безубыточности в пятом году наступит, когда объем продаж достигнет $ 43 712,51, при этом за год будет продано 43,43% установленной мощности компании и 16 340 единиц продукции. Эти результаты будут представлены на следующих графиках, что свидетельствует о том, что данная компания получит прибыль.

График 30. Точка безубыточности год 10

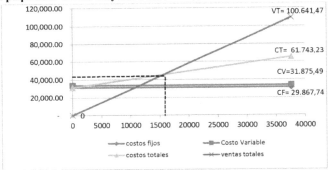

Подготовлено: Александра Вега

ОПРЕДЕЛЕНИЕ ТОЧКИ БЕЗУБЫТОЧНОСТИ (ГОД 10)
НА ТРЕТИЙ ГОД СЛУЖБЫ

ТОЧКА БЕЗУБЫТОЧНОСТИ

Переменные затраты	33.700,95
Постоянные затраты	31.370,79
Общие затраты	65.071,74
Общий объем продаж	109.320,53

Единицы	37.620

EN FUNCIÓN DE CAPACIDAD INSTALADA
PE=(CFT/(VT-CVT))*100

PE=   41,49 %

Entonces   15.607   unids en
                                       PE

EN FUNCIÓN DE LAS VENTAS
PE=(CFT/1-(CVT/VT)

PE=   45.351,63 $ ventas

АНАЛИЗ: На основании полученных результатов можно утверждать, что точка безубыточности в 10-м году достигает 45 351,63 долл. при 41,49% установленной мощности компании и 15 607 проданных за год единиц продукции. Эти цифры приведены ниже
Результаты построены и показывают, что эта компания действительно получит прибыль.

График 31. Точка безубыточности год 11

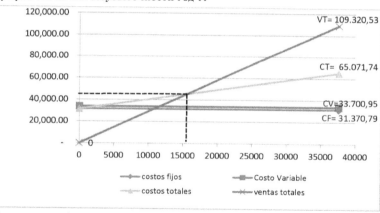

Подготовлено: Александра Вега

Финансовая оценка проекта

Для оценки данного проекта сначала был разработан прогнозируемый денежный поток с целью определения доходов и расходов для определения чистого денежного потока.

Таблица 105. Прогнозируемый денежный поток

ОПИСАНИЕ	ГОД	ГОД 1	ГОД 2	ГОД 3	ГОД 4	ГОД 5	ГОД 6	ГОД 7	ГОД 8	ГОД 9	10 ГОДОВ
ВОЗВРАТ											
Продажи		93.051,33	94.931,14	96.853,43	98.446,55	100.641,47	102.567,88	104.240,01	105.895,28	107.574,41	109.320,53
Кредит	35.699,96										
Собственный капитал	39.127,03										
Значение спасения				1.051,53		4.260,00	1.087,26			1.124,20	9.861,10
ОБЩИЙ ДОХОД	**74.826,99**	**93.051,33**	**94.931,14**	**97.904,96**	**98.446,55**	**104.901,47**	**103.655,14**	**104.240,01**	**105.895,28**	**108.698,61**	**119.181,63**
ЭГРЕСС											
Основные средства	69.722,43										
Отложенные активы	1.476,30										
Текущие активы	3.628,26										
Реинвестирование Автомобиль							22.519,82				
Реинвестирование оборудования и комп.					3.262,10			3.372,93			3.487,54
Операционный бюджет		62.872,52	61.245,90	60.533,40	61.146,92	61.743,23	62.541,39	63.175,77	63.792,34	64.415,81	65.071,74
Амортизация. Амортизация		16.785,56	18.914,39								
15% работникам		4.526,82	5.052,79	5.448,01	5.594,94	5.834,74	6.003,97	6.159,64	6.315,44	6.473,79	6.637,32
22% Подоходный налог		5.643,44	6.299,14	6.791,85	6.975,03	7.273,97	7.484,95	7.679,01	7.873,25	8.070,66	8.274,52
- Амортизация		7.885,39	7.886,39	7.887,39	7.912,21	7.913,21	8.109,38	8.135,02	8.136,02	8.137,02	8.163,49
- Амортизация		147,63	147,63	147,63	147,63	147,63	147,63	147,63	147,63	147,63	147,63
ОБЩИЙ ОБЪЕМ ПЕРЕРАСХОДА	**74.826,99**	**81.795,32**	**83.478,20**	**64.738,23**	**68.919,15**	**66.791,10**	**90.293,13**	**72.104,71**	**69.697,38**	**70.675,61**	**75.160,01**
ДЕНЕЖНЫЙ ПОТОК	**0,00**	**11.256,01**	**11.452,94**	**33.166,73**	**29.527,40**	**38.110,37**	**13.362,02**	**32.135,31**	**36.197,90**	**38.022,99**	**44.021,62**

Источник: Таблицы 53, 60, 65, 98, 100, 101 и 104.

Чистая приведенная стоимость.

Метод чистой приведенной стоимости (NPV) заключается в определении текущей стоимости потоков затрат и доходов, генерируемых в течение срока полезного использования проекта. В качестве альтернативы этот метод может быть применен к чистому потоку и в конечном итоге соответствует оценке по текущей стоимости доходов и расходов, которые будут использоваться в каждый из лет экономической эксплуатации проекта.

При принятии решения о принятии или отклонении проекта учитываются следующие критерии:

- Если NPV **больше единицы, то** инвестиции осуществляются.
- Если NPV **меньше единицы, то** инвестиция отклоняется.
- Если NPV **равен единице, то** инвестиции безразличны.

Таблица 106. Чистая приведенная стоимость

ГОДЫ	ПОТОК BOX	ФАКТОР ОТ (12%)	VALUE UPDATED
0			74.826,99
1	11.256,01	0,8928571	10.050,01
	11.452,94	0,7971939	9.130,22
	33.166,73	0,7117802	23.607,43
	29.527,40	0,6355181	18.765,19
5	38.110,37	0,5674269	21.624,85
	13.362,02	0,5066311	6.769,61
	32.135,31	0,4523492	14.536,38
8	36.197,90	0,4038832	14.619,72
	38.022,99	0,3606100	13.711,47
10	44.021,62	0,3219732	14.173,78
			83.177,69
			74.826,99
ИТОГО Инвестиции NPV			**8.350,70**

Источник: Таблица 105

Подготовлено: Александрой Вега

NPV = чистая приведенная стоимость

$\sum$ FN= Чистый поток

I = Инвестиции FA = Фактор обновления

$$Коэффициент\ обновления = \frac{1}{(1+i)^n}$$

FA= $1/(1+0,12)^1$

FA= 1/1,12 $\sum$ 0,892857143

VAN = ЧИСТЫЙ ПОТОК - ИНВЕСТИЦИИ

VAN =83177 ,69 - 74826,99

NPV '=   **8350,70**

АНАЛИЗ: Полученный результат NPV положителен и больше единицы, что свидетельствует о целесообразности реализации данного проекта.

Период восстановления капитала.

Это время, необходимое для возврата первоначальных инвестиций.

В следующей таблице показано время, необходимое нашей компании для окупаемости первоначальных капиталовложений.

Таблица 107. Срок окупаемости капитала (CRP)

ГОДЫ	ЧИСТЫЙ ПОТОК	ЧИСТЫЙ ПОТОК
ПОЛЕЗНАЯ ЖИЗНЬ	КАССА	АККУМУЛИРОВАННЫЙ
		74.826,99
1	11.256,01	11.256,01
	11.452,94	22.708,95
	33.166,73	55.875,69
	29.527,40	85.403,08
5	38.110,37	123.513,46
	13.362,02	136.875,47
	32.135,31	169.010,78
8	36.197,90	205.208,68
	38.022,99	243.231,67
10	44.021,62	287.253,29
ИТОГО		

Источник: Таблица 106

Подготовлено: Александрой Вега

Год, превышающий инвестиции + Инвестиции $-\sum$ потока, превышающего стоимость инвестиций / Поток года, превышающий инвестиции

3,76	год
9,12	месяц
3,51	день (дни)

АНАЛИЗ: Капитал будет возвращен через 3 года, 9 месяцев и 4 дня.

Внутренняя норма доходности.

Она трактуется как самая высокая процентная ставка, которую можно было бы выплатить по кредиту, за счет которого будут финансироваться инвестиции. В настоящее время этот метод используется банками, частными компаниями, промышленными предприятиями, агентствами экономического развития и государственными предприятиями.

Таблица 108. Внутренняя норма доходности

ГОДЫ	ПОТОК BOX	ФАКТОР ОТ КУРРЕНТ (10%)	VAN RATE <	ФАКТОР ОТ КУРРЕНТ (20%)	VAN СТАВКА >
0	0,00		-74.826,99		-74.826,99
1	11.256,01	0,9090909	10.232,73	0,8333333	9.380,01
	11.452,94	0,8264463	9.465,24	0,6944444	7.953,43
	33.166,73	0,7513148	24.918,66	0,5787037	19.193,71
	29.527,40	0,6830135	20.167,61	0,4822531	14.239,68
5	38.110,37	0,6209213	23.663,54	0,4018776	15.315,70
	13.362,02	0,5644739	7.542,51	0,3348980	4.474,91
	32.135,31	0,5131581	16.490,49	0,2790816	8.968,37
8	36.197,90	0,4665074	16.886,59	0,2325680	8.418,47
	38.022,99	0,4240976	16.125,46	0,1938067	7.369,11
10	44.021,62	0,3855433	16.972,24	0,1615056	7.109,74
ИТОГО	ИТОГО		13.620,80		- 8.744,45

Источник: Таблица 107

Подготовлено: Александрой Вега

ВНУТРЕННЯЯ НОРМА ДОХОДНОСТИ

Более высокая ставка	20,00
Более низкая ставка	10,00
	разница в тарифах 10
NPV меньше 13	620,80
NPV mayot-8	744,45
	Более низкая ставка NPV
IRR = Нижняя ставка + разница в ставках (-------------------------------------	
	Ставка вана ниже - NPV выше
IRR=	16,09

АНАЛИЗ: Полученный результат IRR составляет 16,09%, что выше ставки капитальных затрат, равной 12%, поэтому можно рекомендовать целесообразность реализации данного проекта.

Соотношение выгод и затрат.

Показатель "выгода-затраты" трактуется как величина выгоды, полученной на каждый вложенный доллар, соотносящая дисконтированные доходы с дисконтированными затратами, которые будут понесены в течение проектного периода.

Расчеты выгод и затрат представлены в таблице ниже:

Таблица 109. Соотношение выгод и затрат (B/C)

ГОДЫ	СТОИМОСТЬ	ФАКТОР	СТОИМОСТЬ	ИНКОМЕ	ФАКТОР	ИНКОМЕ
VIDA U.	ИТОГО	КУРРЕНТ (12%)	UPDATE	ИТОГО	КУРРЕНТ.(12 %)	UPDATE
1	62.872,52	0,8928571	56.136,18	93.051,33	0,8928571	83.081,54
	61.245,90	0,7971939	48.824,85	94.931,14	0,7971939	75.678,52
	60.533,40	0,7117802	43.086,48	96.853,43	0,7117802	68.938,36
	61.146,92	0,6355181	38.859,98	98.446,55	0,6355181	62.564,56
5	61.743,23	0,5674269	35.034,77	100.641,47	0,5674269	57.106,67
	62.541,39	0,5066311	31.685,42	102.567,88	0,5066311	51.964,08
	63.175,77	0,4523492	28.577,51	104.240,01	0,4523492	47.152,89
8	63.792,34	0,4038832	25.764,65	105.895,28	0,4038832	42.769,33
	64.415,81	0,3606100	23.228,99	107.574,41	0,3606100	38.792,41
10	65.071,74	0,3219732	20.951,36	109.320,53	0,3219732	35.198,28
ИТОГО			221.942,25			347.369,66

Источник: Таблица 105
Подготовлено: Александрой Вега

$$RBC = \frac{Ingreso\ Actualizado}{Costo\ Actualizado}$$

$$RBC = \frac{347.369,66}{221.942,25}$$

RBC = 1, 57 dólares

Анализ: Согласно полученному результату, соотношение выгод и затрат по проекту больше единицы (1,57), поэтому он является финансово приемлемым, что означает, что на каждый вложенный доллар будет получено 0,57 цента рентабельности или прибыли.

Анализ чувствительности при увеличении затрат на 21,18%.

ГОДЫ	ВОЗВРАТ	РАСХОДЫ ИТОГИ	COSTS T. 21,18%	NEW ПОТОК	ФАКТОР ОТ КУРРЕНТ (10%)	NEW VAN	ФАКТОР ОТ АСТL (15%)	NEW VAN
0				0,00		-74.826,99		-74.826,99
1	93.051,33	62.872,52	76.188,92	16.862,41	0,9090909	15.329,46	0,8695652	14.662,97
	94.931,14	61.245,90	74.217,78	20.713,36	0,8264463	17.118,48	0,7561437	15.662,28
	96.853,43	60.533,40	73.354,37	23.499,06	0,7513148	17.655,19	0,6575162	15.451,02
	98.446,55	61.146,92	74.097,84	24.348,70	0,6830135	16.630,49	0,5717532	13.921,45
5	100.641,47	61.743,23	74.820,45	25.821,02	0,6209213	16.032,82	0,4971767	12.837,61
	102.567,88	62.541,39	75.787,66	26.780,22	0,5644739	15.116,74	0,4323276	11.577,83
	104.240,01	63.175,77	76.556,39	27.683,62	0,5131581	14.206,07	0,3759370	10.407,30
8	105.895,28	63.792,34	77.303,55	28.591,73	0,4665074	13.338,25	0,3269018	9.346,69
	107.574,41	64.415,81	78.059,08	29.515,33	0,4240976	12.517,38	0,2842624	8.390,10
10	109.320,53	65.071,74	78.853,94	30.466,59	0,3855433	11.746,19	0,2471847	7.530,87
ИТОГО						7.939,46		-2.291,67

Источник: Таблица 109
Подготовлено: Александрой Вега

$$NTIR = Tm + Dt \left(\frac{VAN \ menor}{VAN \ menor - VAN \ mayor} \right)$$

$$NTIR = 10 + 5 \left(\frac{7.939,46}{7.939,46 - (2.291,67)} \right)$$

NTIR = 13,**88%** NTIR = 13,88% NTIR = 13,88% NTIR = 13,88

Разница IRR = IRR проекта - IRR нового проекта

Разница IRR = 16,09 - 13,88

Разница IRR = 2,21%.

$$Процент\ вариации = \frac{Diferencias\ TIR}{TIR\ Proyecto} \times 100$$

$$Процент\ вариации = \frac{2,21}{16,09} \times 100$$

Процент вариации = 13,74

$$Чувствительность = \frac{Porcentaje\ de\ Variación}{Nueva\ TIR}$$

$$Чувствительность = \frac{13,74}{13,88} = 0.99$$

АНАЛИЗ: Полученные результаты показывают, что индекс чувствительности меньше единицы, что означает, что проект не чувствителен к увеличению затрат до 21,18%, но если он превысит этот процент, то это будет отрицательным значением для данного проекта, что свидетельствует о целесообразности реализации данного проекта.

Таблица 111. Анализ чувствительности при снижении выручки на 13,54%

ГОДЫ	РАСХОДЫ	ВОЗВРАТ	INCOME T.	NEW ПОТОК	ФАКТОР ОТ КУРРЕНТ (10%)	NEW VAN	ФАКТОР ОТ ACTL.(15%)	NEW VAN
ИТОГИ		13,54%						
0				0,00		- 74.826,99		- 74.826,99
1	62.872,52	93.051,33	80.452,18	17.579,66	0,909090909	15.981,51	0,869565217	15.286,66
	61.245,90	94.931,14	82.077,46	20.831,57	0,826446281	17.216,17	0,756143667	15.751,66
	60.533,40	96.853,43	83.739,48	23.206,08	0,751314801	17.435,07	0,657516232	15.258,38
	61.146,92	98.446,55	85.116,88	23.969,96	0,683013455	16.371,81	0,571753246	13.704,90
5	61.743,23	100.641,47	87.014,61	25.271,38	0,620921323	15.691,54	0,497176735	12.564,34
	62.541,39	102.567,88	88.680,19	26.138,80	0,56447930	14.754,67	0,432327596	11.300,52
	63.175,77	104.240,01	90.125,92	26.950,15	0,513158118	13.829,69	0,375937040	10.131,56
8	63.792,34	105.895,28	91.557,06	27.764,72	0,466507380	12.952,45	0,326901774	9.076,34
	64.415,81	107.574,41	93.008,83	28.593,02	0,424097618	12.126,23	0,284262412	8.127,92
10	65.071,74	109.320,53	94.518,53	29.446,79	0,385543289	11.353,01	0,247184706	7.278,79
ИТОГО						7.869,11		-2.261,05

Источник: Таблица 110
Подготовлено: Александрой Вега

117

$$\text{NTIR} = \text{Tm} + \text{Dt}\left(\frac{\text{VAN menor}}{\text{VAN menor} - \text{VAN mayor}}\right)$$

$$\text{NTIR} = 75 + 1\left(\frac{7.869,11}{7.869,11 - (-2.261,05)}\right)$$

NTIR = 13,88% NTIR = 13,88% NTIR = 13,88% NTIR = 13,88

Разница IRR = IRR проекта - IRR нового проекта

Разница IRR = 16,09% - 13,88%.

Дифференциал IRR = 2,21% Дифференциал IRR = 2,21% Дифференциал IRR = 2,21% Дифференциал IRR = 2,21

$$\text{Процент вариации i} = \frac{\text{Diferencias TIR}}{\text{TIR Proyecto}} \, x \, 100$$

$$\text{Процент вариации} = \frac{2,21}{16,09} \, x \, 100$$

Процент вариации = 13,71%.

$$\text{Чувствительность} = \frac{\text{Porcentaje de Variación}}{\text{Nueva TIR}}$$

$$\text{Чувствительность} = \frac{13,71\%}{13,88\%} = 0.99$$

АНАЛИЗ: По полученным результатам индекс чувствительности показывает, что он меньше единицы, что означает, что проект не чувствителен к снижению дохода до 13,54%, но если он превысит этот процент, то это будет отрицательным фактором для данного проекта, что показывает нам с помощью полученных результатов целесообразность реализации данного проекта.

ЭКОЛОГИЧЕСКИЕ И СОЦИАЛЬНЫЕ ПОСЛЕДСТВИЯ

Воздействие на окружающую среду.

Концепция.

Термин "воздействие" применяется к изменениям, производимым деятельностью человека на окружающую среду, интерпретируемым в терминах "здоровье или благополучие человека" или, в более общем смысле, качество жизни населения; под окружающей средой мы понимаем часть среды (в пространственном и факторном отношении), на которую воздействует деятельность или, в более широком смысле, которая с ней взаимодействует. Таким образом, воздействие на окружающую среду возникает в результате деятельности человека и проявляется в следующих аспектах:

- Изменение любого из факторов окружающей среды или экологической системы в целом.

- Модификация измененной величины фактора или экологической системы в целом.

- Экологическая интерпретация или значимость таких модификаций, а в конечном итоге - для здоровья и благополучия человека. Эта грань тесно связана с предыдущей, поскольку экологическое значение модификации ценности не может быть отделено от экологического значения данной ценности.

С учетом сложившихся обстоятельств Сача Инчи не наносит никакого экологического ущерба, поскольку является растением, которое, собрав листья, вновь их воспроизводит, осуществляя тем самым свой жизненный цикл воспроизводства.

Мы делаем акцент на его выращивании, чтобы оно осуществлялось наиболее эффективным способом, способствующим сохранению имеющихся природных ресурсов, выполняющих одну из основных функций как природы, так и человека.

Влияние производства "Сача Инчи" на окружающую среду.

V Производство и коммерциализация Сача Инчи - культуры, семена которой выращиваются на деградированных и подвергшихся вмешательству территориях, является выгодным мероприятием по лесовосстановлению.

V Производство Sacha Inchi не оказывает ни малейшего влияния на окружающую среду, поскольку не требует жестких технологических процессов и химических веществ для получения готового продукта, поскольку вносит свой вклад в развитие общества, получая натуральный продукт.

Социальное воздействие.

Концепция.

Она определяется как "последствия для человеческих популяций, возникающие в результате действий государственных или частных структур, которые изменяют образ жизни, работы, взаимоотношений между людьми и их организацию для удовлетворения своих потребностей и деятельности в качестве членов общества".

Социальные переменные.

С одной стороны, социальная жизнеспособность:

J Human Population Change and,

J Изменения в социальных отношениях.

Межорганизационный комитет "Руководство по принципам оценки социального воздействия" (1944) предлагает следующие переменные:

J Характеристики популяций: рост или сокращение численности популяций, изменения в разнообразии (расовом, возрастном, половом и т.д.).

J Политические и социальные ресурсы: распределение власти и полномочий.

J Индивидуальные и семейные изменения: изменения в повседневной жизни, дружеских и семейных связях.

Социально-экономические последствия.

J Возможности получения дохода для фермеров и мелких соединителей, прямо или косвенно участвующих в сборе, производстве и сбыте.

J Увеличение потребления этого продукта на внутреннем рынке, в различных его акциях, будет способствовать улучшению экономики страны.

J Вносит вклад в местную экономику и тем самым создает рабочие места.

Выводы

Проведя данное исследование, можно сделать следующие выводы:

- По результатам исследования рынка был определен неудовлетворенный спрос на 45 156 единиц масла объемом 500 мл в кантоне Лимон Инданса.

- Согласно техническому исследованию, микропредприятие будет расположено в городском центре кантона Эль-Лимон.

- Организационное исследование выявило необходимость найма 7 человек для эффективного выполнения всех работ.

- В финансовом исследовании доход за первый год составляет 93 051,33 долл., а расходы по проекту - 62 872,52 долл.

- Согласно финансовой оценке проекта, NPV составляет 8 350,70 долл. США и является положительным, IRR - 16,09%, RBC - 1,57%, PRC - 3 года, 9 месяцев и 4 дня; наконец, анализ чувствительности равен 0,99.

- Согласно оценке воздействия на окружающую среду, рассматриваемый проект оказывает минимальное воздействие, а скорее способствует росту благосостояния в обществе.

Рекомендации

- Для покрытия части неудовлетворенного спроса и позиционирования на рынке рекомендуется работать с 63,80% установленной мощности.

- Разместить микропредприятие в выбранном месте, поскольку в этом секторе имеются основные услуги, необходимые для его нормального функционирования.

- Набрать необходимый персонал и ознакомить его с должностной инструкцией, чтобы обеспечить бесперебойную работу микропредприятия.

- Для покрытия расходов, необходимых для инвестирования проекта, рекомендуется обратиться за кредитом в Banco de Fomento, поскольку это соответствует требованиям, предъявляемым к создаваемому микропредприятию.

- Реализация и социализация проекта, поскольку он отвечает всем благоприятным финансовым показателям для инвестирования в эту новую бизнес-альтернативу.

- Перед запуском микропредприятие должно разработать план утилизации твердых отходов на производственной территории, а также программу по технике безопасности для работников.

Библиография

Abascal, E., & Grande , I. (n.d.). *Fundamentos y técnicas de investigación comercial.* Мадрид, Испания: ESIC Editorial.

Алькаррия, Х. (2009). *Финансовый учет.* Мадрид, Испания: Публикации Университета Хауме.

Барриос, Х. (2012). *Функциональный анализ и экономика в бизнесе.* Мадрид, Испания: Díaz de Santos.

Briones, M., & Alcívar, M. (2014). *Технико-экономическое обоснование промышленного производства высококачественного пищевого и лекарственного масла, получаемого из сача инчи.* Дипломная работа, Университет Сантьяго де Гуаякиль, Факультет специальных экономических наук, Гуаякиль.

Caldas, M. E., & Carrión, A. (2011). *Предприятие и предпринимательство.* Мехико, Мексика: Editex.

Caldas, M., Herréz, R., & Heras, A. (2011). *Предприятие и предпринимательство.* ISBN 978-84-9003-605-1.

Кальдерон, Ф., Чиринос, О., Диас, Р., Ларреа, Л., Муча, Г., и Роке, Л. (2010). *Экспорт сача инчи на рынок США.* Лима, Перу: ESAN Ediciones.

Сепедас, М. (2009). *Культивирование Сача Инчи.* Lima, Peru: Subdirección de Recursos Genéticos y Biotecnología-Instituto Nacional de Investigación y Extensión Agraria.

Кордова, М. (2011). *Формулирование и оценка проектов.* Богота, Колумбия: ECOE.

Diairo La Hora (3 июля 2013). *Газета La Hora.* Retrieved from El sacha inchi, aceiteconmayorespropiedades : http://www.lahora.com.ec/index.php/noticias/show/1101529557/-

Газета El Universo (20 июля 2012 г.). *Перуанцы заинтересованы в том, чтобы купить всю сача-инчи, овощ с омега-2.* Retrieved from http://www.eluniverso.com/2012/07/21/1/1416/interes-peruanocomprar- todo-sacha-inchi-omega-3-vegetal.html

Erossa, V. (2011). *Proyectos de inversión en ingeniería: su metodología.* Мексика: Limusa.

Eslava, J. J. (2012). *Las claves del análisis económico-financiero de la empresa.* Мадрид, Испания: ESIC.

Фернандес, С. (2009). *Инвестиционные проекты: финансовая оценка.* Сан-Хосе, Коста-Рика: Editorial Tecnológica de Costa Rica.

Фуллана, К. (2009). *Manual de Contabilidad de Costos.* Мадрид, Испания: Delta.

Kotler, P., & Lane, K. (n.d.). *Управление маркетингом.* Мехико, Мексика: Pearson Educación.

López-Pinto, B., Mas, M., & Viscarri, J. (n.d.). *Los Pilares Del Marketing.* 2009: Ediciones UPOC.

Магап (29 августа 2012). Курс по выращиванию и коммерциализации сача инчи. Эквадор. Retrieved from http://www.agricultura.gob.ec/magap-dicto- curso-sobre-cultivo-andcomercializacion-del-sacha-inchi/

Мендес, Р. (2012). *Формулирование и оценка проектов: Подход для предпринимателей.* Богота, Колумбия: ICONTEC.

Мерино, М. (2010). *Введение в маркетинговые исследования.* Мадрид, Испания: ESIC Editorial. ISBN 9788473566148.

Муньос, Д. (2009). *Управление операциями. Подход к управлению бизнес-процессами.* Мехико, Мексика: Cengage.

Родригес, В. (2009). *Formulación y Evaluación de Proyectos.* Mexico D.F., Mexico: Limusa.

Розалес (2009). *Формулирование и оценка проектов.* Сан-Хосе, Коста-Рика: EUMED.

Sana, Alimentación (n.d.). Здоровое питание.

Вильяреал, А. (2009). *Финансовая оценка инвестиционных проектов.* Богота, Колумбия: Норма.

Замудио, Л. (2014). *Введение в изучение организаций.* Мексика: CIDE.

Приложения

a. ТЕМА
ПРОЕКТ ТЕХНИКО-ЭКОНОМИЧЕСКОГО ОБОСНОВАНИЯ СОЗДАНИЯ МИКРОПРЕДПРИЯТИЯ ПО ПРОИЗВОДСТВУ И РЕАЛИЗАЦИИ МАСЛА САЧА ИНЧИ В КАНТОНЕ ЛИМОН-ИНДАНСА, ПРОВИНЦИЯ МОРОНА-САНТИАГО НА 2016 Г.

b. Проблемный

В провинции Морона Сантьяго, в кантоне Лимон Инданса, промышленность Сача Инчи не развивалась таким образом, чтобы использовать ресурсы, которыми мы располагаем в этом районе, поэтому мы видим необходимость в этом процессе, способствующем увеличению занятости в этом секторе.

В настоящее время Limón Indanza производит этот сорт растений, который не получил промышленного распространения.

Я смог понять, что в кантоне Лимон-Инданса, несмотря на то, что он является продуктивным районом высшего класса с климатом, отвечающим необходимым условиям для выращивания различных культур, среди которых выделяется сача-инчи в количестве, достаточном для производства лечебного масла, не были созданы отрасли, способные обеспечить прибыльную экономическую деятельность, которая повысила бы экономический доход жителей; возможно, это связано с отсутствием решения и инициативы предпринимателей по инвестированию своего капитала.(*www.morona santiago.*(2016).)

Для того чтобы выполнить этот технико-экономический проект, необходимо решить задачи, которые позволят нам определить, что делать. Исходя из этого, я, как выпускник курса "Деловое администрирование", предлагаю выполнить этот технико-экономический проект для микропредприятия, которое будет производить и продавать масло сача инчи в кантоне Лимон Инданса - местности, где сача инчи производится в достаточных для промышленного производства количествах.

Этот инвестиционный проект принесет ряд преимуществ для отрасли, а также возможность получения адекватной рентабельности; в то же время местные семьи получат доступ к совершенствованию и техническому перевооружению имеющейся рабочей силы и ресурсов, обеспечивая конкурентное преимущество, доступное всем потребителям.

d) Цели

Общая цель:

Провести технико-экономическое обоснование создания микропредприятия по производству и сбыту масла "Сача Инчи" в кантоне Лимон Инданса.

Конкретные задачи:

* Проведение маркетинговых исследований с целью выяснения существующего спроса и предложения.
* Проведение технического исследования для анализа и определения размера и местоположения проекта.
* Провести организационно-управленческое исследование микропредприятия по производству масла "Сача Инчи".
* Провести финансовое исследование для определения финансовых отчетов, балансов и движения денежных средств с целью создания нефтедобывающей компании "Сача Инчи".
* Провести финансовую оценку, которая позволит определить целесообразность инвестиций в нефтедобывающую компанию "Сача Инчи"...

f. Методология

Материалы

Материалы, которые будут использованы при разработке исследования, представлены ниже:

- Канцелярские товары и принадлежности: бумага Bond, карандаши, сферографы и др.
- Дидактический материал: демонстрация данных
- Библиографический материал: Книги, брошюры.
- Компьютерное оборудование: компьютер, сканер, флэш-память, интернет-модем.
- Материал для печати: чернильные картриджи.

Методы

Для выполнения данной исследовательской работы будет использовано несколько методов, которые подробно описаны ниже:

Дедуктивный

Именно он выводит наблюдаемые факты на основе общего закона, пока не придет к конкретным умозаключениям, через умозаключения будут сделаны выводы и рекомендации данной исследовательской работы.

Индуктивный

Этот метод позволяет формулировать законы на основе наблюдаемых фактов. Его использование в данном исследовании позволит нам продемонстрировать целесообразность внедрения новой компании на различных этапах этого исследования, таких как технический, организационный, финансовый и экономический этапы.

Аналитический

Он позволяет изучить важные аспекты в рамках полевого исследования, в данном случае оно будет проводиться именно в рамках исследования рынка, где определяется спрос.

Синтетика

Здесь происходит увязка отдельных, казалось бы, фактов и формулируется теория, объединяющая различные элементы. Она используется в презентации экономического исследования, где кратко излагаются финансовые требования к проекту.

Математик

Это метод, облегчающий расчет различных статей, который будет использован и в финансовом исследовании, где будут получены различные оценочные коэффициенты, по которым будет оценена полезность инвестиций и станет известно, целесообразно ли создание микропредприятия по производству масла Сача Инчи в кантоне Лимон Инданса.

Статистик

Он позволяет представить в графическом и цифровом виде последствия, полученные в результате опроса, используемого при табулировании результатов, полученных в ходе опроса семей, проживающих в кантоне Лимон Инданса, провинция Мороне Сантьяго.

Техника

Исследование

Опрос - это метод получения данных от некоторого количества людей, мнение которых интересует исследователя.

Для последующего исследования в качестве образца был взят кантон Лимон Инданса, провинция Мороне Сантьяго.

Численность населения, по данным INEC, составляет 9722 человека, эта численность прогнозируется на три года, чтобы получить прогноз численности населения до 2019 года, затем она делится на количество семей, которое, согласно данным INEC, составляет четыре человека на каждую.

Была определена выборка из 1764 опрошенных семей, проживающих в кантоне Лимон Инданса, и необходимо было определить количество опросов; для этого была использована следующая процедура, в соответствии с которой было опрошено 316 семей.

- **Данные**

  Формула проецирования.

  $Pf = Pi\ (1 + i)n$

Пф = Будущая численность населения

Pi = начальная популяция

I = Темп роста (-0,52)

1 = Номинальное значение n = Количество лет

Таблица 1

Годы	Население
2010	9,722
2016	7,057

Источник: Inec

Разработка: Автор

- **Данные**:

7 057 / 4 Количество семей = 1764

N= Население

e= Основная погрешность 5%.

n = Образец

$$n = \frac{N}{1 + N(e)^2}$$

$$n = \frac{1.764}{1 + 1.764(0.05)^2}$$

$$n = \frac{1.764}{1 + 1.764(0.0025)^2} =$$

$$n = \frac{1.764}{5.58} = 316 \; encuestas$$

Приложение 2. Формат опроса претендентов.

Обследование семей в кантоне Лимон, провинция Морона-Сантьяго.

1. Каков Ваш ежемесячный доход?

$1 -$300
$301 - $400
$401 - $600
$601 - $800

2. Потребляете ли Вы пищевое масло в домашних условиях?

Да.
Нет.

3. Какую марку пищевого масла Вы покупаете?

La Favorita.
Золотой початок.
Алезол.

Подсолнечник.
Другие.

4. Где вы покупаете пищевые масла?

Винодельческие предприятия.
Рынки.
Супермаркеты.
Магазины.

5. Какое пищевое масло Вы ежедневно потребляете в своем домашнем хозяйстве?

Масло Сача Инчи
Органические масла.

6. Какое количество масла в месяц Вы приобретаете для своей семьи в объеме 500 мл?

1 - 2 единицы.
3 - 4 единицы.
5 - 6 единиц.
7-8 единиц
9-10 единиц.

7. Хотели бы Вы приобрести пищевое масло сача инчи в упаковке объемом 500 мл?

Да.
Нет.

8. При покупке данного продукта обратите внимание на:

Цена.
Качество.
Презентация.
Количество.
Здоровье.

9. Какую цену Вы платите за 500 мл пищевого масла?

$2 - $2,50
$3 - $3,50
$4 - $4,50

10. Где бы Вы купили масло сача инчи для своего дома?

Винодельческие предприятия.
Рынки.
Супермаркеты.
Магазины.

11. Какой тип упаковки Вы предпочитаете?

Пластиковые бутылки.
Стеклянные бутылки.
Упаковка Tetra.

12. Через какие средства массовой информации Вы хотели бы узнать о существовании пищевого масла "Сача Инчи"?

Телевидение.
Радио.
Печатные издания.
Другие.

13. Готовы ли Вы покупать пищевое масло сача инчи для своего домашнего хозяйства, если

в кантоне Лимон Инданса будет создано новое предприятие?

Да.
Нет.

Приложение 3: Формат опроса участников торгов

Обследования Оференте кантона Лимон, провинция Морона-Сантьяго.

1. Кто является поставщиками нефти?

Danec S.A.
Industria Ales C.A.
La Fabril.
Pydaco Cía. Ltda.

2. Какая марка наиболее популярна?

La Favorita.
Золотой початок.
Алезол.
Подсолнечник.

3. По какой цене Вы продаете 500 мл пищевого масла?

От $2 - $2,50
От $3 до $3,50

4. Как купить пищевое масло?

Подсчитано.
Кредит.

5. Сколько пищевого масла объемом 500 мл Вы продаете в месяц?
От 201 до 300 единиц.
От 301 до 400 единиц.
401 - 500 единиц.

Приложение 4. Численность и темпы роста населения кантона Лимон

.

Milton Keynes UK
Ingram Content Group UK Ltd.
UKHW020845180124
436254UK00001B/137